사랑, 그 진심과 믿음에 대한 쓸쓸한 질문

사랑, 그 진심과 믿음에 대한 쓸쓸한 질문

시산맥 시혼 058

초판 1쇄 인쇄 | 2025년 11월 1일
초판 1쇄 발행 | 2025년 11월 5일

지은이 최용훈
펴낸이 문정영
펴낸곳 시산맥사
편집주간 김필영
편집위원 최연수 박민서
등록번호 제300-2013-12호
등록일자 2009년 4월 15일
주소 03131 서울특별시 종로구 율곡로 6길 36. 월드오피스텔 1102호
전화 02-764-8722, 010-8894-8722
전자우편 poemmtss@naver.com
시산맥카페 http://cafe.daum.net/poemmtss

ISBN 979-11-6243-648-6 03810 (종이책)
ISBN 979-11-6243-649-3 05810 (전자책)

값 12,000원

* 이 책은 전부 또는 일부 내용을 재사용하려면 반드시 저작권자와 시산맥사의 동의를 받아야 합니다.
* 이 책은 교보문고와 연계하여 전자북으로 발간되었습니다.
* 본문 페이지에서 한 연이 첫 번째 행에서 시작될 때에는 〈 표기를 합니다.
* 저자의 의도에 따라 작품의 보조 동사와 합성 명사는 띄어쓰기가 달라질 수 있습니다.

사랑, 그 진심과 믿음에 대한 쓸쓸한 질문

최용훈 시집

김은희 作

| 시인의 말 |

살 만큼 살았다는 생각은 복고풍이다.
한 장 남은 달력도 복고고,
가차 없다든가 간절하다 같은 형용사나
떠나다 남겨지다 같은 동사들로 수렴되는
살 만큼 살았단 생각이 밀물 들어
가차 없다는 낱말의 저의를
다시 해석하다가 그만
가차 없다는 말씀을
두 번 죽인 셈이 됐다.
또 간절하다는 심정이 안쓰러워
품에 꼭 껴안았다가
간절하다는 의미를 질식시키고 말았다.
시를 쓰고 떠나보내는 일이
못내 다행이어서…
시를 쓰면서도 헛살았구나!
한동안 생과 사에 대한
못 미더움으로 시를 등한시했다.
아니 시로부터 버림받고 버려졌다.
마지막만 남았다.

* 이 시집을 故 김은희 영전에 올려 기립니다.

차 례

1부 환원에서 그믐까지

환원	18
오늘은 비가 내리고 1	21
오늘은 비가 내리고 2	26
오늘은 비가 내리고 3	28
오늘은 비가 내리고 4	29
오늘은 비가 내리고 5	30
오늘은 비가 내리고 6	33
오늘은 비가 내리고 7	35
오늘은 비가 내리고 8	37
갈비탕	39
저물녘	41
백로(白露)	43
고독	45
사모곡(思母哭)	48
사부곡(思父曲)	50
그리움	52
측은지심	54
그믐	56

2부 낱말의 위로에서 불멸의 속성까지

낱말의 위로	60
뱁새가 시인이 된 사연	62
자서(自敍)	64
자박(自縛)	66
탐색	68
프리즘	69
베이비부머들을 위한 변명	70
베이비부머들의 초상 −5월	72
베이비부머들의 초상 −내리막	73
베이비부머들의 초상 −섬진강	75
베이비부머들의 초상 −앵무	76
베이비부머들의 초상 −폭설	78
베이비부머들의 초상 −푸른 피	80
베이비부머들의 초상 −고뇌	82
베이비부머들의 초상 −권태	84
베이비부머들의 초상 −단풍나무	85
베이비부머들의 초상 −May Day	87
베이비부머들의 초상 −모과나무	89
베이비부머들의 초상 −버드나무	91
베이비부머들의 초상 −송년	93
베이비부머들의 초상 −일상	94
베이비부머들의 초상 −장엄	95
베이비부머들의 초상 −타산지석	96
베이비부머들의 초상 −하지정맥류	98
베이비부머들의 초상 −혼술	99
베이비부머들의 초상 −회상	101
베이비부머들의 초상 −주먹	102

불멸의 속성 — 그대들의 안부를 묻다 103

3부 끝이 없는 질문에서 그림자 바이블까지

끝이 없는 질문 108
불가사의 110
역 슬로모션으로 퇴화하는 본성 하나 111
수꿈 112
역 슬로모션으로 퇴화하는 본성 둘 114
얼굴에 기록되는 여정들 116
이율배반 118
향수(香水) 120
허물 122
트라우마 124
훗날 126
팔월 128
방어기제 130
물방울 131
그림자 바이블 132

4부 서커스에서 마침내까지

서커스	136
암전	138
심연	140
잔상(殘傷) 혹은 잔상(殘像)	142
밤나무는 울안에 심지 않는다	144
일출	146
수행(修行)	147
설득	148
풍화	149
매듭	150
어둠의 후손	151
근시안	152
오류	153
취중 진담	154
피차일반	156
진심	157
출구	158
마침내	160

해설 | 잘 끝나지 않는 애도의 시간   163
      오민석(문학평론가·단국대 명예교수)

1부

환원에서 그믐까지

환원
—故 박진현에게

새벽하늘 붉게 타더니 오후 들어
잿빛구름이 감포 앞바다에 산골(散骨) 되고 있다
한때 목화솜 같았던 저 암울의 끝이 소멸이라서
본향으로 돌아가 부활을 꿈꾸는,
구름의 뼛가루를 온몸에 뒤집어쓰고 처연해진다
본분을 망각하거나 본질을 상실한 것은
쓸모가 없다고 배운 탓일까?
바다를 벗어나 해변 풀숲에 떨어진
빗방울들이 햇살에 말살될 때
어둠의 세계를 벗어났다가
함께 죽임을 당한 지렁이도 목격했다
젖은 것이 젖은 것에 스며들어
흔적도 없이 사라지는…
이 합일성이 해탈인지는 몰라도,
햇살이 없으면 목숨 부지가 어려운 지구에는
어둠을 벗어나면 목숨을 잃는 생명들도
공생하기에 바다 풍경 요소 중
으뜸은 망연자실이라 하겠다
선명함을 요할 때면 가늘게 떠지는 눈초리가
팽팽히 당겨진 수평선에 낚여 집요해질 때

형태를 규정할 수 없는 시원(始原)의 세계로
잠입하던 햇살이 파도의 유연성에 부러져
가늘게 뜬 눈을 찌른다
그때 물 밖 세상은 아가미가 필요 없는데도
바다와 조우하기만 하면
아가미가 절실해지는 자유를 생각했다
집요함과 유연성은 둘 다 궁금증에서 발원하지만,
둘 사이에는 어떤 연관성도 없어서
연관성에 있어서 착각은
선택이 아니라 필수일지도 몰라
그래서 일 테지 갈매기는
자신의 자유의지로 바다 위 창공에 떠 있는데
실체와 분리되자마자 한 뼘 해수면에서조차
허우적대는 갈매기그림자처럼,
우리는 연관성이 허물어지는 방식을
자유가 아니라 의외라고 용인한 탓에
어떤 진실은 희다가도
검어진다는 게 잔인함이다
축축함과 어둠이 생존 조건인
지렁이는 자신의 바로 앞에 어둠이 있어도

어둠을 볼 수 없어 어둠을 벗어나고,
어둠을 벗어나면 순간적으로 앞이 안 보이듯이
그대 또한 그렇게 이승을 벗어났다는 소식에
미망(迷妄)으로 눈앞이 온통 하얘졌는데,
죽은 지렁이를 칠성판도 없이 둘러멘
검은 행렬이 해변 풀숲을 지나고 있다

오늘은 비가 내리고 1
—사랑, 그 진심과 믿음에 대한 쓸쓸한 질문

*

오늘은 비가 내리고
수분 섭취마저 거부하는 노여움이
시야를 흐리는 빗줄기를 응시한다

도심 속 네온십자가들은
고통과 믿음의 함수를 풀지 못해
진심으로부터 멀리 있고,

질문은 무지(無知)해
암 병동 병실까지 찾아온 지인들이
당신 건강을 낙관적으로 염려한다

그러나 믿음은 어리석을 때가 많아서
공동묘지에 만연한 공포는,
사람들 사이에서만 전염되는 것…

*

오늘은 비가 내리고
섣부른 날씨가 불러 모은 먹구름이

내지른 우레에 지상의 굴뚝들 죄다
하늘을 겨누는 일촉즉발의 순간

우리들의 노파심은
십자가에 못 박힌 이에 대한 믿음을
믿음으로 배신해 노심초사
불안에 떠는 것인데

그러거나 말거나 당신은
기대와 실망의 악순환에 지쳐
이 절박한 상황 속에서도
날씨 탓은 하지 않는다

       *

오늘은 비가 내리고
공동묘지 공동체에 거주하는 이들은
저마다 종교는 달라도
아무도 뭐라 하지 않는데
산 자들이 조급해해서
노여움과 노파심이 서로를 배척하고,

평생 암 병동 뜰을 지켜 온
모과나무는 늙기 위해 일생을 허비했음에도
때마다 자신이 피워내는 모과꽃은
도무지 늙지를 않는…
이 인지부조화도 자연의 섭리인 것!

      *

아 승복하기 힘든 섭리도
있긴 있어서 오늘은 비가 내리고
당신에게서 내게로 전이된 고통의 명도가
멀어질수록 어두워지는 산색과
깊어질수록 짙어지는 물빛처럼 점점 낮아져
당신이 겪는 고통의 강도를
어림짐작도 하지 못하게 됐을 때,
진심이나 믿음과는 무관하게
당신과 나 사이에 쓸쓸함이
상처 입는 모과의
짓무른 향같이 차오른다

      *

일생의 고단함을 함께 헤쳐와
포기할 수 없는 사랑일지라도,
사랑은 순도가 낮을수록 더 반짝거리는
금붙이 같아서 오늘은 비가 내리고
제아무리 결백한 날씨라도
반복되는 기대와 실망으로
우리의 소망이 늪지대로 변했을 때,
쓸쓸함은 사랑이 그런 것인 줄도 모르고
더 찬란하게 연마하려고
반백 년 동안 당신과 내가
지지고 볶아대다가 여기저기
우그러진 생의 밑바닥에 눌어붙은
사랑의 불순물 찌꺼기…

   *

일찍이 어린 당신의
진심에서 발생한 풋정이 지금까지도
화창한 날 내리는 여우비만큼이나 뜻밖이라서
오늘은 비가 내리고
병마와 맞서다 순식간에 뼈만 남은

당신 모습에 감당하기 힘든 격정이 솟구쳐
가시면류관을 쓴 누구를 바라보듯 당신을 바라볼 때,
철 지난 뒤 뒤늦게 피어난
한 송이 모과꽃처럼 홀로 남겨질 내 여생이
사랑에 대해 더 이상
질문을 하지 않는다

오늘은 비가 내리고 2
—사랑, 그 하염없음에 대하여

당신이 영계로 떠난 뒤
더 이상 죽음이 두렵지 않다
평생을 두려움에 떨며 살다가
한순간에 두려움이 사라졌으니…
누군가를 사랑하려면 얼마마한 용기와
헌신이 곁들어져야 하는지도
당신 때문에 이제야 알게 됐다
두려움 때문에 종교가 번성하고
두려움 때문에 뒤끝이 생길 만큼 악착같아지고
두려움 때문에 우주의 티끌로 위안을 찾는,
오늘은 비가 내리고
이승을 떠도는 혼령인 듯
안개비가 산골짝을 떠돌아서
당신 떠나가던 마지막 모습을 잊지 않으려고
온기 식지 않은 무덤가에
배롱나무 한 그루를 식재했다
그 뒤로 음정이 맞지 않는 곡조거나
박자가 맞지 않는 리듬처럼 비가 내리고
그치기를 반복하는 사이,
남은 자와 떠난 자 각자의 외로움이

무덤가에 자리 잡은
개망초 꽃말로 피어나서,
배롱나무 가지마다 맺힌 꽃망울들이
가족관계부에 주민등록번호 없이
이름만 남은 당신 얼굴인 듯
붉어진 눈망울로 피고 지고
피고 지고 하염없이 피고 진다

오늘은 비가 내리고 3
—사랑, 그 독백에 대하여

세찬 바람 따라 이리저리 쏠리는 빗줄기
그 광경에 휩쓸려 안절부절못하던 혼잣말이
수심(愁心) 깊이 가라앉는다

마음 밑바닥까지 가라앉는 혼잣말은
우량한 종자여서 푸석푸석해진 마음에
파종했던 '포기하지 말자'던 혼잣말,

간절함은 내일 따위에는
한눈팔 겨를이 없고
다급함에는 가늠쇠가 없어서

무차별로 쏟아지는 빗소리에
저 홀로 견뎌온 혼잣말이
발아해 싹이 돋는…

오늘은
흐리고
비

오늘은 비가 내리고 4
—사랑, 그 이슥해짐에 대하여

종일 비 내리다 그친 뒤
구름 사이로 보름달이 휘영청 떠올라서,
몸 가진 것들 모두가
제 그리운 곳을 향해
그림자 길어져 가는 시방
뒤꼍 장독대에 걸터앉아
달을 보며 당신 생각하다가
당신 손때 묻은 장독을 열었더니
생각도 푹 익히면 발효가 되는지
적적한 냄새가 빈 항아리 가득하다
그 빈 항아리 품에 얼굴 묻고
목이 잠기도록 당신 불러보는데,
대책 없이 달빛을 견디는
밤의 안색이
이슥하다!

오늘은 비가 내리고 5
—사랑, 그 죄와 벌에 대하여

늦가을 밤비를 맞으며
아무도 없는 집에 돌아와
현관문을 걸어 잠그고
스스로를 감금한 지 일주일,
그 사이 당신 원혼인 듯
몸살감기가 내 야윈 몸을 다녀갔다
햇살이나 끼니의 행방은 모르는 채
입술거스러미로 침묵이 무성해지고
발성기관도 녹이 슬어
이따금 터져 나오는 울음마저
기괴한 소리로 삐거덕거렸다
소멸이 전제된 세계에서
명분 없는 기대는 동의를 수태하지 못하므로,
당신 투병이 험난해지면서부터는
도봉산성당 성모상 앞에 촛불을 켜두며
당신을 살려달라고는 기도하지 못했다
당신 고통을 덜어달라고 소원했건만
마약성 진통제도 듣지 않자 당신은
"날 위해 해줄 수 있는 게 없냐?"고 물었다
희망은 고갈되고 절망만 남은

그 물음이 무슨 뜻인 줄 알았기에
아무 말도 못 하고 침묵으로 대답했다
당신이 떠난 후에야
입에 발린 거짓말을 진통제로 썼다면,
당신이 조금은 더 내 곁에
머물렀을지도 모른다는 자책감은
혼자 남아 살아가야 하는 것 자체가
죄이자 벌이 될 것임을 그때 왜 알지 못했을까?
꽃잎으로 휘날리지 않고
꽃인 채로 목숨을 떨구는 동백처럼
한순간 당신은 붉은 목숨을 버렸고,
뒤늦게 흘리는 참회의 눈물은 하찮기에
차마 당신 영정은 바라보지도 못하고
영정을 둘러싼 흰 국화꽃에만 눈길을 주며
아름다움과 부드러움과 향긋함을 포기해야만
단단한 씨앗의 세계를 창조할 수 있는
꽃들의 운명을 생각했다
그렇게 혼자 남겨진
죄와 벌을 감당할 자신이 없어서
정신과 치료를 받으며

육 개월 넘게 집을 비워 둔 사이,
당신이 정성을 다해 키우던 제라늄도
피골이 상접한 채 죽어 있었다
사시사철 거실을 따뜻한 분홍빛으로 밝혀 주던
제라늄꽃들이 완전히 소등한 뒤로
무시로 죄와 벌을 상기하는
내 마음도 어두컴컴해져서,
촛불을 켜는 심정으로
책상머리 당신 사진 앞에 앉을 때마다
오래전 당신에게 건넸던
혼인서약서를 형법 조문으로 암송한다

오늘은 비가 내리고 6
―사랑, 그 머뭇거림에 대하여

온종일 오락가락하는 겨울비에
젖어버린 마음이 끝내 빙판이 됐다
얼어붙은 마음 때문에
정신머리가 자꾸 미끄러져 낙상하는 탓에
당신마저 잊을까 봐 서둘러
당신 묘소를 찾아간다
당신이 떠나고서야 두려움보다
외로움이 더 참기 힘들다는 것을 알았으니…
당신 홀로 두고
다시 돌아서야 하는 발걸음이
차마 떨어지지 않는다
되돌아서지 못하고 머뭇머뭇하는 사이,
비 그친 하늘도 얼어붙은 호수가 돼
아침나절부터 길을 나선 하현달도
표정이 하얗게 질려 있었다
그럼에도 낮과 밤이 동시에 출몰하면
비가 오지 않아서 마음이 조금 놓였지만,
그대 있는 곳이 너무 일찍 어두워질까
서두르는 하루가 서럽고
후회에 수반되는 괴로움조차 허망해

그만 다 놓아버리자 싶다가도,
비 오기 전까지만 해도 활기찼던 세상을
어느 순간 정물처럼 만들어버린 날씨에
용기마저 허약해져서 결국
세상 밑바닥을 배회하던 시선이
얼어붙은 하늘가에 붙박인다

오늘은 비가 내리고 7
—사랑, 그 감정의 형태소에 대하여

기쁨과 슬픔은 애물단지
죽는 순간까지도 노심초사로
돌봐야 할 내 감정의 자식들이라서,
당신 떠나보내고 오래 정을 줬던 습관을 개조했다
여윈잠이 시간을 충분히 섭취할 수 있게
시간을 좀 더 잘게 잘라서 섭취했지만,
정신과 약만 먹으면 치근덕대던 밤이
아침을 무시하기 일쑤였다
우송돼 온 누군가의 시집에서는
산발한 채 강가에 서서 강물만 바라보는
버드나무의 외로움이 보여
마음에 파문이 일었고,
상처 입은 영혼들은
기억의 환영을 삭제하지 못해서
음과 양만으로 풍경을 전각하는 햇빛이
내 미간에 주름을 새길 때,
사람들에게 그늘을 만들어 주며 둥치 굵어진
느티나무의 연륜이 떠올라서
입꼬리가 변하는 미소가
참을 수 없는 슬픔이었다

그렇게 혼자 지내는 마음을
슬픔과 기쁨이 번갈아 찾아와
오늘은 비가 내리고,
사랑할 대상이 사라지면
이유 없이 죽어버리는 사랑도 있어서
내 마음자리를 두루 살피던 외로움이
당신 따라가 버린 내 사랑을
안치할 장소를 물색하려고 아문 상처와
아물지 않은 상처 사이를 탐문하다가,
기쁨이나 슬픔에게는 알리지도 않은 채
나조차도 가본 적이 없어
나만이 찾아갈 수 있는
내 마음의 오지에
그 사랑을 묻어주었다
그 어떤 비문이나 비석조차 없이…

오늘은 비가 내리고 8
―사랑, 그 의외성에 대하여

당신은 어떤 꽃들의
배웅도 받지 못하고 이승을 떠나갔다
황량한 이별에 찬바람이
가슴속까지 휘몰아쳐 경황이 없었는데,
늦장 부리던 봄꽃들이 당도하자
당신 어머니마저 기다렸다는 듯
휠체어를 타고 부랴부랴
당신 뒤를 쫓아가 또 황당했다
두 달 사이 당신과 당신이 평생
한집에서 모셨던 당신 어머니의
줄초상을 치른 사내는 가슴이 뻐그러져서
울음조차 내뱉어지지 않는 목멤에
숨 쉬는 것마저 힘겨워하다가,
결국 뻐그러진 가슴으로 머리는 둘인데
몸통은 하나인 샴쌍둥이를 출산했다
외로움과 그리움은 어느 한쪽이
죽으면 다른 하나도 죽고 말아서,
혼자서 둘이면서 하나인 쌍둥이를
돌보느라 정신 차릴 겨를이 없는 사이,
당신 첫 기일이 도래해
또 화들짝 당황했는데…

봄을 재촉하다가 체온 식어버린
빗방울들이 기일 전날부터
하나둘 흰소복으로 갈아입기 시작했다
그렇게 환복을 마친 빗방울들이
어스름이 당도하기도 전에
온 산야를 가득 메웠다
소복을 입고서야 형체를 드러낸 빗방울들로
천지간이 놀랍도록 정갈해졌던 그날 밤,
마음 다해 당신 사진 앞에
향을 피우고 술잔을 올린 뒤
그리움과 외로움을 분리할 방도가 없다고
눈물로 당신에게 하소연한 탓일까?
당신과 당신 어머니를 마지막으로
폐문한 한 가문의 종말에
개화시기 불문하고 나무란 나무마다
한꺼번에 피어났던 눈꽃들이
일제히 말간 눈물로 질 때,
예견된 운명의 잔해를 목도한 사내 몸에서
불구적 유복자가 태어나는 것은
사회 통념상 용인되는 사랑이겠다

갈비탕
—어이상실

벽제화장장 불구덩이에
아내 주검을 밀어 넣고,
산 자들은 또 살아갈 수밖에 없는
회의감에 가슴이 텅 비어버렸는데…
그래도 산 자들은 살아야 한다고
인근 식당에 들어가
지옥 불에 끓여낸
갈비탕에 숟가락을 담근다
펄펄 끓는 물에 담긴
남의 뼈와 살점에 연민을 느끼기는커녕,
입속에 군침이 도는 어이상실로
아내의 먼 조상이
어떤 사내의 갈비뼈였었다는 기록이
새삼 어처구니가 없었다
기를 쓰고 생을 도모했을
붉고 질긴 갈빗살이 불맛을 본 뒤
혀에서 살살 녹을 정도로 연해진 것에
울컥해서, 턱뼈 힘 더 줘가며
우적우적 씹는데 일행 중 누군가가
뜨거운 갈비탕국물을 들이켜며

"어 시원해"라고 내뱉았다
그 말이 귀에 닿는 순간
시원한 느낌이 텅 빈 가슴을
비수처럼 관통해 들었던 수저를
힘없이 떨구고 말았다
죽은 자는 말이 없는데
좋은 곳으로 가라고
좋은 곳으로 갔을 거라고
자기 위안에 빠져서
밥이나 처먹는 게 사는 일이라면,
아내의 부재가 슬픔을 빙자한
해방감도 될 수 있겠다 싶어졌는데…
남은 생 어떻게든 홀로 버텨보리라던
내 다짐이 미덥지 못했을까?
왼쪽 옆구리 갈비뼈 하나가
살을 비집고 나올 듯 쑤신다

저물녘

남반구를 떠난 눈보라가
북위 32도를 지나 북상 중인 계절에
가로수들을 장식하는 3촉짜리 빗방울들

저 빗방울들이 출발지에서 꾸물대지 않았다면
막연한 기다림도 질척대지 않았을 테지

어스름의 촉수(燭數) 낮은 분별이 범람해
식어버린 한숨이 입김으로 연소한다

땅거미와 접속하면 굳기름처럼 식어서 불투명해지는 것들

이슬과 수액만 먹고 얼마나 버틸 수 있겠냐고
지난여름 짝짓기를 못 한 매미가
가로수 허리춤에 매달려 염통 쥐어짜며 울 때

끝자락이 동그랗게 말리는 울음은
얼마나 다급한 것인가!

잦아들어야 촉수(觸手)를 거두는 빗줄기들

〈
가까이하려고만 하면 멀어지는 것들이 있다고
저문다는 생각과 잦아든다는 느낌이 서로 어깨를 겯는다

어둠 속을 들여다보려면 어둠에 익숙해져야 해
멀어져가는 의욕이 식어가는 생기(生氣)를 부축하고 비치적대면

어느새 가까워져 친숙해지는 간절함은
하늘 아래 첫 동네 거주민답게 계절을 앞서 살고

저물녘에 도착해서야 숭고해지는 것들……

어둠이 눈에 익자
쓸쓸함과 의기투합하면 절박해지는 자문자답이
개밥바라기가 샛별로 뜬 서녘하늘을 응시한다

백로(白露)

여름이 개문발차한 채로 떠나버려
체온 내려간 바람이 저체온 중에 시달리는,
처서와 추분 사이

오동잎 끝에 간신히 매달린 불안이
동그랗게 몸을 마는,
처서와 추분 사이

생일상을 차려주지 못한 외로움이
어둔 밤길을 홀로 걷는,
처서와 추분 사이

옆에 없는 그대가 옆에 있었을 때보다 다정해
풀벌레들 교신이 급증하는,
처서와 추분 사이

이제는 어루만져볼 수조차 없는 얼굴 때문에
강수면 위로 떠오른 보름달을 향해
냅다 뛰어든 그리움이
〈

익사

직전인

처서와 추분 사이

고독

오래전 일이다 그날따라 장인어른이
요 위에 반듯이 누워
육신의 상부에 있는 들창을 열고
밤하늘과 맞대면을 하고 계셨다
막연히 저기 어디쯤 이주할
행성을 찾고 계신 건가? 하는 생각에
함께 올려다보며 손을 잡아드렸는데,
공허한 눈길로 식구들 얼굴을
한 번 훑어보시고는 다시 그 들창에
두꺼운 눈꺼풀을 치셨다
아내 사십구재 지내고 난 후,
문득 장인께서 그때 오랜 세월
자신이 기거했던 낡은 누옥을 더 이상
손댈 방도가 없다는 것을 아시고는
무슨 고심을 하셨을지 궁금했다
가실 때 환기만 될 정도로
그 들창을 열어 놓고 가신 것도
아직 누군가 거주하고 있음을
암시하려고 그러신 것일지도 모른다는
엉뚱한 생각도 들었다

죽은 아내 생각에 갈피를 못 잡던 생각이
개똥밭에 굴러도 이승이 낫다는
생각까지 나아갔을 때쯤에는
그날 장모께서 장인어른 심사도 모르고
그 들창을 손바닥으로 쓸어 닫아거신 건
편히 가시게 하려는 의도가 아니라
다시 돌아오면 뒤치다꺼리할 일이
걱정돼서이었을지도 모른다는
망상으로까지 확장됐다
이승 떠나기 전 병상의 아내에게
머지않아 나도 따라갈 테니
거기서 다시 만나자고 넌지시 말을 건넸더니
곧바로 고개를 가로젓는다
아내가 세상 뜬지도 모르시는 장모께
저승 가시면 삼십칠 년 전에 헤어지신
장인어른을 찾아가시겠냐고 여쭸더니,
요즘 꿈에 장인이 자꾸 찾아와
자기한테 오라는 손짓을 해서 싫다고 하신다
그 대답을 듣는데 하필
지금까지 2인용 관을 사용하거나

본 적이 없다는 사실이 떠올라
벌어진 입이 닫히지 않았다
그러니 아들아 나 죽거든
부디 관속에 엎어 뉘어다오
하늘과 맞대면 하거나
눈 꼭 감고 편안히 죽을 수도 없는 이 몸,
두 눈에 흙 들어오지 않게…

사모곡(思母哭)

언뜻,
한 여인의 뒷모습이
언뜻 이라는 단어에 되비칩니다
부사(副詞) 언뜻이 동사(動詞)로 변하듯이
누군가의 뒷모습을 지켜보는 관계는
뒤따르는 것이 숙명!
여인이 둘러업은 포대기 속 아가는
여인만이 세상인 듯 잠들어 있습니다
언뜻을 등지고 바라보는
세상은 찬바람이 불고,
여인을 자양분 삼아 자란 기억은
아가와 여인을 결속시킨 운명의 탯줄이어서
홀로 서려면 잘라야 하는데도
잘라낼 방도가 없어 나이 일흔에도
당신이 그리운 저는 미성숙아…
고아가 된 뒤 성숙해질 기회마저
영영 사라지고 말았습니다
아득하여라 온몸이 사라진 존재를 느낀다는 것은!
등을 진다는 것은 헤어짐의 다른 말,
헤어짐은 과거형으로만 존재할 수 있기에

살 떨리게 외로워서,
되돌아 언뜻을 물끄러미 바라보면 거기가
저승…
소름 돋는 한기에
가야 할 길을 알려주는
북극성마저 까무룩 떨 때,
어머니 당신은 제 울음의 대명사
언뜻은 울음이 상속받은 유품,
이제부터 눈물샘에 고인 기억들이
고드름으로 자라나는 계절입니다
오늘 밤도 당신 가 계신 곳을 응시하다가
샛별 하나 초저녁부터 파리하게 빛나서,
부재하는 당신 이름 앞에
소리가 되지 못해 얼어붙은
울음을 공양합니다

사부곡(思父曲)

제 외로움은 언제나
가을과 겨울이 임무교대를 할 때
불쑥 찾아오지요
을씨년스럽다는 단어를 배경으로
나무들 한 그루 한그루가
허공에 부조되는 그때
'짜잔' 하고 나타나서는
추위를 견딜 줄 알아야 나무도
숲도 보인다고 일러주는 탓에
나는 심신이 나뭇가지처럼 마르고서야
누구도 아닌 당신의 아들입니다
보이지 않는 별을 보려고
어둠이 어둠을 건너가 더 깊어지길
속절없이 기다려 왔습니다
어둠은 빛나는 별들의 배경
인류는 부정할 수 없는 결과물이라서,
정녕 나는 누구도 아닌
당신의 아들입니다
문득 북극성이 수문장을 서는 먼 곳,
그곳에 내가 미처 알지 못하는 보람이 있는지

바람이 흐린 하늘을 되비추고 있는 수면에
파문을 일으키며 지나가면
나는 이제 외론 별 하나 의지해
홀로 돌아갈 길을 걱정합니다
아버지……

그리움

한택식물원 6부 능선쯤 가면
그렁그렁한 작은 연못이 있다
그 못물 속에 의초롭게 모여 사는 삼 형제 나무,
서로가 지켜줄 수 있는 거리 두고 서서
먼산바라기를 하고 있다

그리운 남도에 가면
깊은 산속에 외따로운 주산지가 있다
그 호수 가난보다 매몰찬 물속에는,
몸에 수심(愁心)이 시퍼렇게 낀
늙은 왕벚나무가 산다

고향이 수몰됐어도 슬하 떠난 자식들 때문에
차마 그 자릴 떠나지 못하는 왕벚나무,
물이 모가지까지 차올랐는데도
수면 위로 가지를 쳐들고 잎을 피워내
푸르게 푸르게 흔들고 있다

고향집이 눈에 선한 듯
늙으신 어머니가 그 나무를 오래 바라본다

그 곁에,
한 그루 나무로
내가 선다

측은지심

죽어서 뿔뿔이 흩어진
아버지 형제들, 큰 백부는 춘천으로
둘째 백부는 철원으로
작은고모는 태평양 건너 미국 땅으로
아버지는 대전현충원으로,
마지막에 가서야 다들
제 갈 길들을 갔다

바람 심한 날
두 동생 먼저 앞세운 큰 백부가
춘천에서 아우우 부르면
형님 왜 에여 왜 에요 하는 메아리가
철원서 되돌아오고,
귀먹은 아버지는 먼 산만
멀뚱히 바라보는 이산(離散),

죽은 자들에게는
한두 호흡도 아주 요원한 시간이라서
살아 있는 자식들 간에도
한 해 두 해 소식이 끊겨가는,

이 서러움은 죽은 자들이
산 자들을 더 안타깝게 여기는
측은지심의 표본이다

그믐

검은 산이 계곡 사이로
보름달을 출산 중이네
순산 같아서 자음인지 모음인지
구분이 되지 않는 감탄사를
무심코 입 밖으로 발설하고 말았는데
속눈썹 가지런한 팔당호 건너편에서
모서리 없는 흐느낌이 솟구치네
가장 생생한 소리는
저절로 터져 나오는 소리!
울음이 그러해서 아내와 사별한 뒤로는
찌그러진 달마저도 사랑스럽네
치명적이라는 말의 의미는
사랑이 식으면 미움이 배가 된다는
말로 설명되기도 하기에
내 사랑은 언제나 목이 메여 이지러지고,
그 바람에 목울대가
울음의 올가미에 걸려서
사랑이라는 말의 자음과 모음 중
모음만 목청을 빠져나오네
각진 마음이 둥글어지는 시간은

사람마다 각기 다 달라도,
기우는 달과 모서리가 없는 흐느낌과
물음표가 수문장을 서는 생각은 원주율이 같고,
사랑도 죄도 겁이 없어서
울음의 도착지는 언제나 그믐
울음이 깊으면 마음 어디에도
달빛이 내려앉지 않는다는 사실을 알고부터
아내 생각에 달을 올려다볼 때마다
내 생각의 틈을 엿보던 물음표가
정신을 잃고 쓰러져
생각의 문고리를 걸어 잠그네

2부

낱말의 위로에서 불멸의 속성까지

낱말의 위로

나의 아니마여 잠들지 말라
깨어 있으라, 지상으로부터
멀어져가는 은행나무 우듬지를 내달리는
말발굽 소리, 드디어 방향을 튼다
아직도 떨어지고 있는 낙담에게로…
사랑이란 낱말에서 시작된 산들바람에
휘감기는 꽃들은 때를 어김이 없느니,
부성(父性)의 어머니인 나의 아니마여
쓸데없는 뉘우침마저 쓸모 있었음을 기억하라
별자리를 설계하는 뮤즈들이 흩뿌린
은하수가 내 무모한 생각들을 위로하는 밤,
바랜 편지에서 휘발하고 있는
몇 음절의 낱말 때문에
나는 기다려 왔느니
미지의 시간을 달려온 바람이
아니마의 거침없는 웅변을 해석해 주기를…
나의 아니마여 한마디도 발설하지 않는
기도로 내 망설임을 다독여다오
나는 믿느니 내가 태어나기 이전부터
존재해 온 영원성이 품어

화석이 된 낱말들에 영혼을 위로하는
아니마의 기도문이 각인되어 있음을…

뱁새가 시인이 된 사연

어제는 다큐 내일은 소설
오늘 이 순간은 시, 이것이 아니라면
무엇으로 생애를 꾸려갈 수 있겠습니까
꾸려간다는 것은 살아내려는 의지의 발현이기에
어젯밤에는 조각구름을 서로 끌어당겨 가며
노루잠을 자는 별들이 눈에 밟혔습니다
그제는 휴대폰 문자들이 종일
요절한 청춘을 조문 와서,
한때 낭설에 불과했던 그녀를
추억하느라 새초롬하게 지내야 했습니다
오늘은 거세당한 낭만을 경계하다가,
눈초리 수상한 바람이 머릴 풀어 헤치고
사방천지 쏘다니는 걸 따라다니느라
포롱포롱 다녔던 하루가 참 길었습니다
내일은 헌책방에 가서
이런저런 서적들을 스토킹할 계획입니다
그중에 시집이 있을지는
날씨에게 물어봐야 합니다
만약 비가 온다면 스토킹도
운명적 만남이라고 분칠할 수 있겠지요

지금까지 살아내면서 별자리 이름 밑에
밑줄을 치는 가슴 떨리던 날도 많았지만,
식견이 고만했으니 사람 눈길을 탄 꽃들에는
별 흥미가 없고,
밤하늘 별들을 스친 바람에서
맡아지는 누룩곰팡내에 취해
도포도 없이 도포 자락 휘날리며
황새걸음 흉내 내기에 급급했습니다

자서(自敍)

졌다는 것을 알면서도
인정하지 못하는 내 시의 서사여,
감언이설이나 구구절절로 치장해도
볼품없기 짝이 없는 이력이여
정신 승리만 오진 호들갑이여
살아서 강단과 모색을
좌청룡 우백호로 거느리고도
이미 죽은 사유여
그토록 보잘것없던 사랑이여!
오래 살았거나 살아갈 식물들은
대체로 훈풍 부는 봄날에 꽃을 피우지만,
살아온 내력이 단단한 식물들은
추운 계절을 맞닥뜨리기 직전에
꽃이 만개한다는 걸 잊지 말았어야 했다
또 누가 한 사람의 생애에 대해
효용성을 따져 손사래를 치더라도,
어느 가을날 천 리 길
만 리 길을 마다하지 않는
금목서 은목서 향기는,
청량한 날들이 있어서

기꺼이 서릿발을 감내한다는 것도
알고 있었어야 했다

자박(自縛)

무병(巫病)을 앓는다고 해서
아무나 신이 강림해
내림굿을 받을 수 있는 것도 아닐 테지만,
시병(詩病)을 앓는다고 해서
아무에게나 시가 강림하는 것도 아니겠지
다만 본인이 원해서
무당이 됐다는 사람도 본 적 없지만
자신이 원하지 않는데도
시인이 된 사람도 없어서
무당이 강림한 신을 거부하면 고통에 몸부림치듯
시와 접신이 됐다면
시를 모시고 따르는 게 숙명!
자칭이 아니라 누구들이 시인으로 호칭한다면,
강요에 의해서가 아니라
스스로 발모가지나 손모가지에
전자발찌든 뭐든 채워야 하리…
시가 강림하기 이전의 일들이야 그렇다고 쳐도
시가 자신의 몸주가 된 이상
이후의 발언과 행동은
시의 지배를 받아야 마땅한 것

시와 무관하게 나돌아 다니는
몸과 마음이 멋대로
시의 영역을 이탈하지 못하도록
하다못해 모가지에 개 목줄이라도 채워
스스로를 결박해야 함도,
어찌 보면 시인 것…
하여 나는 사랑했네
사랑해선 안 되는 것들을

탐색

 다 벗고 덤벼들어도 또 그게 시(詩)가 되자면 지킬 건 지켜야 한다는 품격도 배웠습니다만, 학창시절 효자동에서 남영동까지 즐비했던 파출소에서 훈방 처리된 적도 없지 않아 있다는 전력도 말씀드렸습니다만, 그게 요즘 세상 같으면 훈방으로 끝날 일이 아니었다고 공감인지 공갈인지도 해봤다고 귓속말을 드리기도 했습니다만, 이제 와 생각해 보니 앞뒤 재지 않고 다 벗어봤자 몇 되지도 않는 식솔들 건수할 지전 몇 푼만치의 가치도 못되더라고 개탄도 했습니다만, 그렇게 이런저런 사연들 다 접어 두고 시와 대면했어도 눈시울 뜨거워지는 감동이고 뭐고 다 한물간 대역배우 같다는 생각을 벗어날 수 없다는 자책도 들었습니다만, 그래도 이만큼의 자각 자성조차 새삼스러울 게 없다는 게 시적 성취 아닌가 합니다만…

프리즘

 고래들이 제 의지로 뭍에 올라와 생을 끝내는 스트랜딩(stranding)의 어원은 수구초심일 게 분명하다. 땅에 발 딛고 사는 여우도 그러하거늘, 젖 먹고 자라 일생을 짠물 속에서 쉼 없이 돌아다녀야 목숨을 부지할 수 있는 고래들이야 여부가 있겠는가. 이런 본보기가 버젓이 있는데도 해양학자들은 고래들이 뭍으로 나와 자살하는 원인을 모르겠단다. 모른다는 해석은 객관이 주관으로 굴절되는 현상, 이때 시인들은 굴절된 해석을 끝까지 좇아간다. 무지개에 올라타 이 세계와 저 세계의 경계를 자유롭게 넘나든다.

베이비부머들을 위한 변명

그럴 때가 있다
속이라도 꺼내 보여주고 싶을 때가,
제 살 제가 도려내는 살기는
절집 호세사왕 앞에 세워두고
이빨 둘러친 소굴에는
험악한 언사(言辭)들만 데리고 합류했어도
머리가 터져나갈 듯
분노의 마그마가 끓어올라서,
강바람에 머릴 식히려고 나가보면
강이라고 왜 그러고 싶을 때가 없겠는가!
제아무리 뒤 강물이 앞선 강물을
인정사정없이 밀어내도 눈 하나 깜짝 않는,
저 강조차도 속 뒤집어지면
흙탕물로 범람하는 난리법석을 떠는데…
그래 괜히 목청 핏대 세워
요령 없다는 소리는 그만 듣고
다리 한쪽 부러진 주막집 개다리소반마냥
엇박자 타령조로 풍진 세상길 가다 보면
자동소총 난사하던 염통도 열기가 식어
세상아 부서져라 소반 두들겨 대던 젓가락장단이

어느새 손아귀 힘으로 되돌아오는 인생사…
쓰인 낙서 위에 덧쓴 낙서처럼
아무렇지 않게 다시 살아지는 세상사가 그렇듯
베이비부머들은 '오늘 하루도 무사히'를
새벽 기도문으로 되뇌며 살아온
참혹한 전후(戰後)시대 자화상들…
그러지 않고는 현실과 대적할 자신이 없어서
속 뒤집어 놓는 흙탕물에
강이 다시 정화되듯이 어쩔 수 없이 분노를
생의 추동력으로 삼아야 했던…

베이비부머들의 초상
—5월

넝쿨장미나무 품에서 시끄럽게
짹짹거리던 참새들이 한꺼번에
날아오르는 결기를 보인 뒤,
축대 위 철장 틈새로 고개를 내민
넝쿨장미들이 열기 없이 불타는 꽃잎들을
벼랑 아래로 마구 내던진다
차갑게 타오르는 넝쿨장미 꽃잎들로
길바닥이 핏빛으로 달아올라도
무심히 오가는 행인들은
목젖 보이게 질러대는 장미들의
외침을 듣지 못해
5월은 이 땅에 혁명으로 오지만,
정작 넝쿨장미들은 모른다
자신들의 저항이 격렬해질수록
자신들 몸에 더 많은 가시가
돋쳐 스스로가 스스로를
위리안치 시키게 된다는 것을…

베이비부머들의 초상
―내리막

오르지 않으면 내려올 일도 없어
내리막길을 가는데도 숨이 차다
식욕이 마르는 이별은,
누구나 밥그릇에서부터 시작되고
든 자리는 몰라도 난 자리는 티가 나서
헐거워진 밥알과 밥알 사이에서
푸슬푸슬 식어가는 눈빛과
목적지를 놓치고 방황하는 변명들…
그 짓을 연이어 해도 숨 가쁘하던 시절에는
빛의 빈틈을 노리는 게
어둠의 빈틈을 노리는 것보다 쉬워서,
밥주발을 작은 공기그릇으로 바꿨어도
입맛의 완고함은 여전히 완고하기만 했다
사실 늙음과 완고함은 차갑게 발기한 볼트와
무감각하게 벌어진 너트처럼
한 몸일 때도 한 몸이 아니라서,
완고함이 잠시 정신 줄을 놓는
토막잠조차 가슴을 부풀리는 들숨보다
호흡을 덜어내는 날숨이
더 무겁기만 하다, 이런 젠장

밥을 덜어내는 습관이 들고서야
기고만장이 지진아임을 알아채다니…
기고만장은 뭘 습득하는 속도가
너무 더뎌 내 의지와는 상관없이
하루하루가 빠르게 흐르고,
오래 부려먹은 허세마저 등이 굽어
삶이 점점 왜소해져 간다
세월 가는 속도는 빠른데 지루하다면,
종점이 멀지 않았다는 예고겠지…
이젠 예고가 없어도 대충
눈치로 때려잡는 나잇살이어서,
오늘도 누구들 눈치를 살피느라
손바닥으로 감싸 쥔 담배꽁초
불똥이 설치류 눈깔이 되도록
들숨을 들이쉰 뒤,
공허함이 희끄무레해질 때까지
날숨을 길게 내뱉는다

베이비부머들의 초상
—섬진강

꽃 돌림자 쓰는
뻘때추니들 다녀간 뒤,
소식이 없어 겨울이 오고

해거름부터 뻘겋게 달아올라
밤새 퍼마신 별빛,
시린 속

종일
재첩 우려
달래는…

베이비무머들의 초상
—앵무·

아침만 되면 습관적으로
오늘이 무슨 요일이지? 되묻는 너는
중력에 갇혀 있는 행성에 갇힌 채
또다시 자신의 원심(怨心)에 갇힌 앵무
갇혀 지내느라 부리는 깨지고
날개는 퇴화한 그대여
우리는 모두 마트료시카인형처럼
갇힘 속에 다시 갇히고 갇혀
점점 더 작아지는 죄인 아닌 죄인…
아침마다 거울 속 너 아닌 너를 만나서
넥타이로 목을 조르기에 여념이 없지만,
봉급 몇 푼에 매인 목숨이라서
숨 끊어지게까지 조르지는 못하는
망설임도 너의 죽마고우!
적의 적은 친구가 되는 사회에서
봉급쟁이들은 자신에게 갇혀 있는 꿈을
목울대에 갇힌 울음에 다시 가둔 채
이러지도 저러지도 못하는 진절머리로
자신에게서 탈출을 감행해 보지만,
결국은 식솔들 부양을 핑계로

술의 신 디오니소스의 숭배자가 되어
(죽음에게서 태어났으니 디오니소스가
술을 안 마실 재간이 없었겠지?)
자유를 빙자한 방임 속에
스스로를 가두고 만다

* 김송의 희곡 : 숨 막힐 듯한 가정을 벗어나기 위한 젊은이의 몸부림을 그린 작품.

베이비무머들의 초상
—폭설

세속 풍경에 눈 흐려졌다고
눈은 눈(雪) 구경으로 씻어야 한다고,
백두대간 어디쯤 가서
눈이나 실컷 보고 오자고 네가 전화한 날
산에서 파도 일어서는 소리가 들렸다
내친김에 서울을 떠나 지쳐 잠든 숙소에서
산 우는 소리에 잠이 깨 나와 본 세상은
위도와 경도가 하얗게 지워지고,
길이 사라져 평등하지 않은 세상도
때로는 평등해 질 때가 있음을 보여줬다
(길이 사라져야 평등해질 수 있다니!)
눈은 다시 천지 구분할 수 없게 내리기 시작했고
우리는 조금 밝아진 눈으로 되돌아가기 위해
대관령이 열렸다는 소문만 믿고 넘던 대관령에서
그만 폭설에 갇혔다가,
겨우 차를 돌려 되돌아간
속초 어디쯤에서 하룻밤 더 묵은 뒤
덕장 오징어들이 가라앉는 눈발에
삽날을 박고 있을 진부령을 넘기로 했다
길이 사라진 길 위에서

사람도 차도 평등하게 뒤뚱뒤뚱한다
아, 미끄러운 길을 갈 때는
뒤뚱거려야 쉬이 나자빠지지 않는 법인데
저 걸음걸이 우스꽝스럽다고
이 나이 되도록 얕잡아보며 살았구나…
눈 흐릴 땐 보이지 않던
뒤뚱거림의 절치부심이여
펭귄은 미끄러움조차 미끄러지는 공중에서
곤두박질로 꼬꾸라져 지상으로 낙상한 새,
아무것도 붙잡을 게 없는 공중에서
다시는 나자빠지지 않기 위해
오늘도 날아오를 생각은 접어둔 채
지상 위를 뒤뚱뒤뚱 걷는다

베이비부머들의 초상
―푸른 피

*

이천 년 전 죽음을 전복시킨 혁명가 이야기는 누구나 알고 있는 이야기인데도 지금까지도 귀가 따갑게 듣고 있소. 들은 이야기를 또 듣고 듣는 것은 다 이유가 있어서라는 건 알겠지만, 내 목숨 내 맘대로 할 수 없는 처지에도 사람들이 삼일천하로 끝난 그 혁명가의 죽음을 계속 입방아에 올리는 이유가 내 새가슴은 알쏭달쏭하오.

*

시선을 둘 곳이 없어
허공에서 초점을 상실했던 시선이
모 시인의 "실패를 확인하려고 일생을 산다"*는
카톡 프로필 문구에 화살촉으로 박힌다
저 한 줄 짧은 사연에
기인 내력이 읽혀서,
차츰 마음에 피멍이 번지더니
오래지 않아 머릿속이
푸른 피로 가득 차오른다
운길산 수종사 오르는 길에 만난 물푸레나무도
저처럼 시선 둘 곳 없는

하늘을 우러르느라 목 길어져,
몸 가득 푸른 피가 차올랐으리니
누구도 단 한 번의
우연한 조우를 위해
조마조마한 애틋함과 쓸쓸한 자책으로
날뛰는 심장을 지금까지 다스려 왔네

*

 혁명은 미완으로써만 혁명의 당위성을 각인시키오. 혁명을 완성하려는 사람들은 이천 년 전에 일어난 그 혁명가의 죽음을 미완으로 남겨 이 시대에도 혁명을 이어가려는 것 같다는 불순한 생각을 해보오. 장담컨대 혁명이 완성되는 시대는 혁명을 위해서라도 오지 않을 게 분명하오. 그 때문일 것이요 미완이 대의명분인 시대를 살아내기 위해 "실패를 확인하려고 일생을 산다"는 시인의 진술이 부활했소.

* 차주일 시인의 카톡 프로필 문구.

베이비부머들의 초상
—고뇌

시월 끝자락에 십이월이
불법 사채업자처럼 불시에 들이닥쳤다
바로 앞에 일어날 일을 몰라
시도 때도 없이 바라기하는 먼 산,
멀리 있는 나무들은 한결같은데
가까이 있는 나무들이 부산을 떤다
점심때만 해도 다정했던 시침과 분침이
어스름이 들이닥치자 서로 반목을 한다
시침과 분침 사이를 바삐 오가는
초침의 잰걸음 소리…
한숨이 땅을 꺼뜨리는 것은
무저갱에서 솟구치기 때문이겠지
물 없는 수반(水盤)에
갈꽃 핀 지 수삼(數三) 년,
물 없이 버티는 저 노년이 새삼스러워
멀리 있는 기억들은 따뜻한데
가까운 기억들이 서늘하고,
물 없이도 버티는 저 노년이 안쓰러워
보름달 등골이 슬그머니
그믐달로 꺼지고…

밤사이
먼 산 정수리가
하얗게 셌다

베이비부머들의 초상
—권태

시간이 베이지 톤으로 증발하고 있는 거실 흰 벽
그 스크린에 고정 화면인 채 상영 중단 중인 결혼사진
소파에 나란히 앉아 스크린만 말없이 응시하는 남녀주인공
망설이며 바닥으로 가라앉는 실내 먼지
내부보다 외부가 어두워야 실내로 진격하는 어스름
상영이 중단돼 조금 열린 창문 틈으로 조롱 섞인 휘파람을 부는 바람
줄에 매달려 졸다가 휘파람 소리에 깜짝 놀라 눈을 뜨는 식탁 등
물 없는 화병 속에서 부들부들 떠는 부들
숨죽이고 있던 모습이 발각돼 우왕좌왕하는 세간 그림자들
쾅, 한순간에 소란스런 실내 분위기에 종지부 찍는 방문 문짝
사전검열을 당하는 남자 주인공의 기억
상영불가 판정을 내리는 여자주인공의 노여움
핵심장면이 삭제돼 점점 무거워지는 실내 공기
스포일러 방지를 위해 방 안으로 퇴장하는 여자주인공
재생할수록 늘어지는 녹음테이프처럼
여러 차례 관람했어도 조율이 안 되는 남자주인공의 헛기침
이것은 엔딩 없는 레퍼토리
이것은 장면이 장면을 삭제시키는 거품
이것은 존재들이 사라지는 절차

베이비부머들의 초상
―단풍나무

시절은 가고 시절에 대한
후회만 남았을 때 방구들이 냉했다
차마 학자금 이야기를 꺼내지 못하고
비비적대는 딸아이 손도 냉했다
이번에도 이삿날은 가세(家勢)가 정해
은퇴 앞둔 연립주택으로 이사를 했다
연립주택 마당에는 연립주택과
비슷한 연배로 보이는 단풍나무가 살았다
암벽등반가처럼 손가락 힘만으로
무한 허공 벼랑을 오르느라 피가 몰린,
단풍잎들은 처절하게 아름다웠다
그런 잎들을 놓치지 않으려고
뿌리 힘줄까지 불거진 단풍나무에게
세월 견딘 티가 나는 플라스틱 간이의자가
등을 기댄 채 늙어가고 있었다
염치도 없이 그 의자에 주저앉아
밤 이슥토록 타개책에 골몰하는
다섯 식솔 가장 몸에
진땀인지 눈물인지 모를
단풍나무 수액이 떨어져 내린다

목덜미를 파고드는 수액에
몸서리가 쳐지는 순간,
불현듯 단풍나무의 피와
땀과 눈물로 주조된
단풍시럽 맛이 떠올라서,
그 단풍나무를 얼싸안고
오래 체온을 나눈다

베이비부머들의 초상
―May Day*

살길 찾아 이민 간 친구를
공항에서 배웅하는 중이다
기약 없는 이별에 마음이 가라앉아
친구 얼굴을 외면하는데 근방에서
"작별 인살 할라카이 모기 메이데이"라는
억센 사투리가 들려온다
그 말이 귀에 박히자마자
다른 어휘들은 한순간에 다 휘발되고
'메이데이'란 단어만이 귓바퀴를 계속 맴돌아
활주로 너머 먼바다를 응시하는데,
불타는 별 하나가
공항 유리창에 되비친 뭉게구름에 부시를 치며
수평선 위로 불시착하고 있다
매일 반복해도 수평선을 이탈하는 저 별처럼
수시로 학습해도 도무지
적응이 안 되는 이별…
(목이 메는 게 조난신호라는 걸 또 까먹다니!)
친구를 태운 비행기가 울부짖으며
이륙한 하늘과 불타던 별이
끝내 추락한 바다와 침몰하는 내 마음이

한꺼번에 붉게 타오르고 난 뒤에야
수평선 너머 어디쯤 봉수대가 있는지
어둠이 짙게 피어오른다

* 선박 항공기의 조난 무선 신호.

베이비부머들의 초상
―모과나무

태양과 바람이 내통해
모과나무에게 수작을 부린 게 분명했다
태양은 도지˙가 되자 슬슬 태업을 시작했고
바람은 도지˙˙를 불어댔다
그러고는 못생긴 열매가
낙과까지 하면 아예 상품가치가 없다며
대지마저 선도지(先賭地)를 요구했나 보다
모과나무집 열한 살짜리 계집아이가
타지로 식모살이를 떠났다
태양과 바람의 횡포를
어찌해볼 도리가 없던 모과나무는
타고난 팔자려니 하면서도
대지에게 지급해야 할 도지˙˙˙ 걱정에
어린 모과들 쓸개주머니를
향기로 채우기에 여념이 없었지만,
어린 모과가 향기로 채워질 때마다
바람은 시겟금을 흥정하는 척
툭툭 건드려 여문 정도를 살폈고,
태양은 아직 여물지도 않은 모과를
햇살로 찔러 보며 후끈 달아올랐다

식모살이하던 모과나무집 계집아이도
끈적끈적한 땀에 잠식당해
그새 잘 익은 모과 같은 처녀가 됐지만,
권력이 없는 향기는
아무짝에도 쓸모가 없어
화장 내가 점점 짙어져간다

* 여름과 가을 사이.
** 가을에 비와 함께 일어나 거친 파도를 일으키는 바람.
*** 일정한 대가를 주고 빌려 쓰는 논밭이나 집터.

베이비부머들의 초상
—버드나무

가지마다 미늘을 촘촘히 달고
강변에 서 있는 버드나무의
시간은 얼마나 더디 갈까를 생각하다가,
시간을 낚는다는 말이 무료함이 아니라
치열한 기다림인 게 떠올라서 아차했다

사방에 빈 가지를 드리우고
무슨 생각에 골똘히 잠겼던 버드나무가
미늘을 챌 때 공기의 막이 찢어져
바람이 쏜살같이 달아난다

바람은 비록 놓쳤을지라도
얼음장 날씨를 참고 견디다 보면
버드나무 가지마다 버들치 같은 잎들이
우글우글 낚이는 시절도 오겠지…

바람이 달아날 때마다
미늘에 걸린 생을 벗어나려고 몸부림치는
버들잎들이 전혀 안쓰럽지 않다
때가 되면 버드나무가 공중에 있던 것들은

공중에 그대로 방생하는 걸 봤기 때문이다

근심이 그늘로 자라면
한 곳에 정주한 나무들은 그렇게
다시 고요해 지는 법인데,
제 성질을 이기지 못한 버들잎들은
그때를 기다리지 못해
미늘에 걸린 채로 생을 마감한다

베이비부머들의 초상
―송년

몸안에 술이 깊으면,
익숙함으로 위장한 낯선 나를 만난다
사십 년 만에 만나서
사십 년 묵은 와인으로 사십 년 세월을
순식간에 발효시키던 고교 동창 녀석들,
전력 질주한 뒤처럼 홍조든 얼굴로
거친 숨을 몰아쉬면서
기대와 실망이 적체된 세월을 게워가면서
성장이 멈춘 추억을
쓸데없이 되새김질하면서
모두들 서로의 등이 멀어지는
방향으로 쓰러질 듯 비척댔다
몸안에 술이 깊으면
우두둑 우두둑 꺾어대는 열 손가락,
삭정이 분질러지는 그 소리에
맵싸한 눈물에 젖어 식어버린 가슴이
뜬금없이 화염을 분출했지만
저만치 떠나온 세월이 아득해
헛디딘 발걸음에 출렁이다가
익숙해졌어도 낯선 나를 보고
뒷걸음질 치며 멀미를 했다

베이비부머들의 초상
—일상

수평선에 갇힌 파도 떼가
뭍으로 내몰리자 해안선을 부여잡은
갯바위들이 다 같이 힘을 모아
철썩철썩 바다를 턴다
노동요 부를 틈도 없이
쉼 없이 후리질만 해대는 갯바위들 몸에
파도들 물비늘이 허옇게 말라붙으면
어느새 말끔히 비워져
바닥을 드러내는 장봉도 앞바다…
하늘에 켜졌던 집어등이 꺼지고
어둠이 수평선을 거둬들이면
이제는 갯바위들도 비린내 나는 몸
바람에 말리며 쉬어야 할 때,
그 사이 해안선을 빠져나와
먼바다로 달아났던 파도들이
윤슬 반짝이는 달빛 항로를 따라
다시 뭍으로 몰려들어서
썰물에 곤죽이 됐던
장봉도 앞바다가 또 파도 떼로
들어차는 생계가 오늘도
어김없이 이어진다

베이비부머들의 초상
—장엄

살아서 임사체험을 하거나
부활을 경험하는 사람들도 없지 않아 있어서,
오도 가도 못하는 인수봉
암벽에 달라붙어 오늘날까지도
버티고 있는 저 앉은뱅이 소나무…
시작은 미약했으나 나중은 창대해
그 앉은뱅이 소나무가
입 다물어지지 않는 크기의 바윗덩이를
뿌리로 쪼개고 있는데도
앉은뱅이 소나무에 자일을 묶고
스스로 천 길 낭떠러지에
매달리는 사람도 있다
오직 믿음 하나로 버티는
저 암벽등반가처럼 인수봉의 위엄은
솟구침 뒤의 무너짐이 있어
천 년 만 년 장엄하고,
쓰러짐을 통해 기립을 배우는 우리네 삶도
시작은 미약했으나 나중은 창대해
사소한 목적에도 목숨을 걸고
버틸 수 있을 때까지는
어떻게든 버텨 장엄해지고…

베이비부머들의 초상
—타산지석

지금 결혼식을 올리는
신부 부모가 다시 남이 됐다는 것을
아는 사람은 안다
다정히 함께 서서 하객들을 맞는
저들의 상냥한 웃음은 이제
서로 간에는 더 이상 타전되질 않는다
따지고 보면 사람 사는 일이라는 게
혼인서약 같은 나침판조차
오작동을 일으키는 영역임을 모르지 않으나
산다는 건 또
너나 나나 별반 다를 게 없어서,
딸아이보다 어린 나이에
그대와 주고받은 혼인서약이
한결같기야 했겠냐만…
이 아무개에게 구설수가 생길 때마다
반감기를 고려해 납덩이 같은 마음에
안치하던 그대 처신이
오늘따라 더 애틋하게 도드라져서
저들 웃음에 그 고마움을 아로새겨
희로애락이 교차하는 명치끝에

공덕비로 세우는데…
웬걸? 공덕비는 남이 세워주는 것이라서 그런지,
아니면 누군가도 내 행동거지를
타산지석 삼는 것인지
숨이 콱 막혀온다

베이비부머들의 초상
―하지정맥류

제 살길 찾아
몸 뒤틀림 없이, 마음 격랑 없이
흐르지 않는 강이 어디 있으랴!

도처에서 모여든 뭇 생들이
강을 이뤄 또 각처로
흘러가는 새벽 인력시장,

힘줄 뒤틀리는 노동으로
한 시대 한 가정을 이끌어 온 사내들
장딴지에서 꿈틀거리는 핏줄기가,

곧 범람이라도 할 듯이
시퍼런 기세로
불끈불끈 흘러가고 있다

베이비부머들의 초상
―혼술

소슬바람이 현관문 앞에
단풍잎 한 장 배달하고 가
도봉산을 오른다 발길 닿는 숲마다
눈 휘둥그러지게 차려져 있기는 했으나
새롭고 진귀한 것은 눈에 띄지 않는다
예의상 감탄사를 내뱉기는 하지만
핏물 밴 단풍잎은 느꺼웠고
계란지단 같은 은행잎은
구색 갖추기라 식상했다
산행객들이 황홀경에 취한 틈을 타
청계 흐르는 창공으로
눈의 허기를 때우는데,
대접할 게 그것밖에는 없는지
아니면 가을 하늘과 단풍나무 잎과
은행나무 잎이 다 같이
내 마음에 겹쳐 물든 탓인지
세상에 어둠이 내려앉는다
문득 마음 사태로 서울살이 접고
낙향해 자연을 벗 삼아
혼술을 즐긴다는 오래된 인연이 생각나

휴대전화를 건다 전화벨은 울리지 않고
팝송 〈solitary man〉이 컬러링으로 흐르는
기다림과 안부 사이에서 망설이는데
참고 때를 기다렸다가
화려함 속에 감춰진 가을의 비루함을
까발리는 나무들과 영롱한 기억들을
하얗게 탈색시킨 눈송이들의 앙상블로
비루먹은 몸이 기품을 되찾는
상고대가 보고 싶어진다
상고대를 만드는 날씨는 풍경이 아니라서,
외로움과 친분을 맺어
혼술과 대작할 때
촉수 낮을 그 마음자리는
어떤 계절일까?

베이비무머들의 초상
―회상

책상 서랍에 잡동사니와 뒤섞여
방치된 낡은 가죽지갑 속에서
몇 장의 현금영수증과
잔액이 없는 교통카드와
왕년이 박제된 누구들의 명함,
그리고 희로애락 성분을 모두 함유한
내 이름 석 자가 박힌 옛 직장 명찰과
인화된 채 바래버린 증명사진의
애잔함과 애틋함이 함께 발견됐다
학창시절 담배꽁초조차
나눠 피우는 우정으로 서로를 다독거리며
같은 직종에 종사하게 됐던 친구여
이것들만이 세월이 흘러도
지금까지 곁에 머물러 준
우리들의 안녕이다

베이비부머들의 초상
—주먹

나이 삼십에 달팽이관 속 필라멘트가 끊어져 생이 어두워졌다. 어디 가서 점이라도 보고 싶은 심정이었다. 그런데도 자격지심은 있어서 점괘대로만 된다면 점쟁이들이 왜 남들 점이나 보고 있겠냐고, 빈정빈정 문지르는 손바닥 내비게이션에 이런저런 길들이 얽혀 있다. 서로 엇갈려 가는 두뇌선과 감정선을 운명선이 가로질러 가고, 아니나 다를까 생명선이 도달한 곳은 여지없는 벼랑 끝이다. 손바닥에 버젓이 지도가 있어도 내 운명은 내 손바닥을 벗어나질 못해 그런 길들일망정 놓치지 않으려고 손안의 길들을 움켜쥐는 순간, 손바닥이 주먹이 된다. (뭘 움켜쥐기만 하면 주먹이 되는 손바닥이라니!) 손바닥과 주먹의 상관관계는 심리학도 생물학도 심지어 관상학도 다루지 않는 분야라서, 손바닥이 주먹이 되기만 하면 그게 뭐든 그냥 한 대 치고 싶은 버릇이 생긴 걸까? 개도 못줄, 이 버릇 때문에 부처님 손바닥이라고 뭐 다를 게 있겠느냐고 심보가 꼬여가는 중인데 마침 아파트단지 놀이터에서 놀던 꼬맹이들이 가위바위보로 손바닥이 주먹을 제압하는 걸 보여준다. 손바닥을 펼친 아이들이 희희낙락할 때, 주먹 쥔 힘으로 울음이 삼켜지는 걸 배웠을 사내아이 하나가 기어코 쥐었던 주먹으로 닭똥 같은 눈물을 소리 없이 훔치고 있다.

불멸의 속성
―그대들의 안부를 묻다

헌책방 서가에 낡고 허름해진 안부들이 빼곡하다. 헐벗어야 더 뾰족해지는 미루나무의 비감처럼 헌책방은 날카로운 펜촉만으로 일합을 겨루는 문필가들의 콜로세움. 존재하기에 낡아가는 편안함에 매료될 때, 우리는 한 시대를 살아남아 신화가 된 영웅들의 잔혹한 결투를 지켜보기 위해 종종 그곳으로 종종걸음을 친다.

잔혹극은 피비린내에 급급하고, 헌책방 실내를 떠도는 큼큼한 역성냄새는 우리를 전율케 해, 나도 모르게 창비시선 일곱 번째 시집 최하림의 『우리들을 위하여』(1979년 12월 20일 자 3판 간행본)와 눈싸움을 벌이다가 1995년 간(刊) 문학과지성 시인선 백아홉 번째 시집 김윤배의 『강 깊은 당신 편지』 속 안부가 궁금해져 콜로세움의 광기에 휩싸인다.

최하림 시집 『우리들을 위하여』 첫 페이지에는 초판발행 년도 1976이 표시된 페이지 여백에 청색 잉크로 "김지봉 선생님께/ 1987년 5월 4일 장미순 드림.(영원히 간직해주세요)"라는 장밋빛 기대감이 활자 모양으로 형상화되어 있었다. 하지만 기대감은 모습을 드러내는 순간 낡기 시작하는 법, 그런 기대감 때문에 영원조차도 언젠가는 허름해지고, 그걸 모를 리 없는 장미순의 영원이 언제 어디서 김지봉과 어긋나 종료됐는지는 알 수 없었지만, 2018년 5월 14일 내 손에 이끌려 골방 책장에 틀어박힌 장미순의 영원은 1988년도 6월 10일에 중판 된 민음사의 여섯 번째 시집 김영승의 『반성』 속지에 쓰여 있는 "몰수당한 젊음, 아득히 까마득히 유예된 꿈, 육시당한 젊은 육신……그렇게밖에 요약될 수 없는, 한 도덕적 천재의 그 어처구니없이 참혹했던 시절 나는 회복하고 싶다. 어두운 나의 도처에 폭죽처럼 펑펑 터지는 그의 얼굴, 예광탄처럼 터지는 그의 얼굴, 아아, 은하수처럼 펑펑 쏟아지는 그의 그 고운 눈빛……부서지듯 웃던 내 눈부신 그 웃음도. 잘해 보자."란 시인의 자전적 서사에 전이해 그 페이지 밑단 구석에 단정한 글씨체로 쓰인 "김영승 닮은꼴에게" 빙의를 했다 그 바람에 멈췄던 장미순의 영원이 다시 카운트다운을 시작했지만, 발신인 없는 편지가 그러하듯 시간은 후진 기어가 없고, 샛길도 없는 일방통행로여서 다시 되돌릴 수 없는 영원은 불량품일 뿐이다.

영원의 염기서열 중 하나가 기대감이기는 하지만 영원은 영원의 속성 때문에 기대감이 기다림으로 변이되는 게 운명, 그렇게 장미순의 영원은 김영승 닮은꼴에 빙의했다가 또 다른 누군가에게로 전이해 영속성을 이어갈 테지만, 기다림의 DNA인 속절없음이 부질없음으로 변이되는 순간, 영원은 드디어 안부가 돼 별리의 종교가 된다.

3부

끝이 없는 질문에서 그림자 바이블까지

끝이 없는 질문

 여보 내가 상극의 기질을 한 몸에 갖고 있는 것은 당신이 못 미더워서 그런 게 아니에요. 질문과 대답이 그러하듯이 목숨 붙은 것들은 상충하는 기질을 한 몸에 가지고 있지 않으면 스스로를 다스릴 재간이 없기 때문이었어요. 그래요 너도밤나무가 물과 불의 기운을 융합해 싹을 틔우고 열매를 맺듯, 당신과 내가 함께 슬하를 만든 뒤에야 믿음은 규정되는 것이 아니라는 걸 배웠어요. 내심 속으로는 쫄려 치받지도 못하면서 누구들 턱 밑에 대가리 디밀고 쳐봐! 쳐봐! 허세나 떨던 시절엔 몰랐어요. 도끼가 밑동을 사정없이 찍어 대는데도 너도밤나무 비명이 무덤덤하게 퍽퍽했던 까닭이나, 당목이 전등사 쇠 종을 치받았을 때 내 마음이 우렁우렁 울어 손발이 떨리던 의아심 같은 것들 말이에요. 이럴진대 누가 약자고 강자인들 그게 무슨 대수겠어요. 이런 질문은 질문이 다른 질문을 다그칠 때 성립되는 질문. 상생한다는 것은 믿음과는 전혀 상관이 없는 일이었죠. 다만 그런 상반된 기질이 목숨붙이들 목숨을 부지시키니, 서로 상극인 그 기질 중 하나가 없다면 산목숨이라고 할 수가 없지요. 아비 어미란 말이 질문이 아니라 대답을 향유하는 낱말이듯 상생을 한다는 것은 생멸의 의미를 안다는 걸까요? 그래서인지 멸(滅)을 모른다면 신(神)일지라도 무생물이 아닐까 생각해 왔어요. 목숨 붙은 것들은 생멸을 계속할 테지만, 뿌리를 물과 불의 중립지대로 뻗는 나무들은 가지는 하늘과 땅의 완충지역으로 뻗어요. 그런데도 어떤 나무는 가지에 열매를 맺고, 어떤 나무들은 뿌리에 결실이 열리죠. 당신 질문에 대한 내 대답이 때때로 상충하는 것도 그래서였어요.

불가사의

양 눈 사이는
세상에서 가장 광대한 거리
어둠 속에서도 은하계 너머까지 보나
한 치 앞 제 콧등은 못 보는…

두 귀 사이는
세상에서 가장 협소한 거리
무슨 소리 들리자마자 사라지나
어떤 소리는 자신이 멸망할 때까지도 들려서

가장 협소한 간격에
가장 광대한 거리가 들어가 있는 인간은
다급한 비명이 들리는 찰나에
눈앞에 삼라만상이 펼쳐지는 것

하여 진화론이나 창조론으로도 해석이 난감한
인간은 그 난해성으로 인해
자신 스스로 자신이 성선설과
성악설의 자웅동체임을 인식하게 된다

역 슬로모션으로 퇴화하는 본성 하나

 눈깔사탕이 내 생각과 감정의 주인이던 시절, 인왕산 수성계곡 상류에는 오색 천으로 몸을 치장한 늙은 당산나무가 살았지. 개울물에 얼비친 당산나무 그림자가 무당춤을 추는 여름날, 벌거벗고 개울물에 들어가 물장구치다 보면 사내아이들 우멍거지는 아들 점지하지 못한 아낙네 속곳에 들어 있는 남근목이 되곤 했는데… 어느 여름날 발정 난 먹구름이 산 뒤쪽에 모여 힘깨나 쓴 뒤, 먹구름이 사정한 소나기가 수성계곡으로 쏟아져 내려와 혼비백산 도망치던 그때 알았지. 밤이면 소나기물대가리가 길을 튼 개울에서 동네 아낙네들이 삼삼오오 모여 목욕 재개한다는 걸. 그러다가 얼굴에 깨꽃 핀 옆집 말숙이 누나 밴대를 훔쳐본 후로는 애새끼들도 사내임은 분명해서, 마법에 걸려 아직 젖몽우리도 열리지 않은 계집애들도 선녀로 둔갑했지. 그랬으니 무서움에 바들바들 떨면서도 당산나무 밑동을 감금하고 있는 돌무더기를 헤집을 수 있었던 거겠지. 그 돌무더기를 헤집으면 녹슨 동전들이 눈 시퍼렇게 뜨고 개울을 지켜보고 있었어. 그 뒤로 뭘 훔쳐볼 때마다 눈알이 눈깔사탕만큼 커지곤 했는데, 젠장 그 무서운 동전들과 눈싸움에서 이겨 눈깔사탕과 맞바꿔 먹던 마법이 풀린 탓일까? 아니면 늙은 당산나무가 죽어 나자빠지고 수성계곡 물이 말라버린 탓일까. 눈깔사탕이 더 이상 내 감정의 주인 노릇을 못 하면서부터 뭘 훔쳐볼 일이 있어도 못 볼걸 본 듯 시선을 회피하게 됐지.

수꿈[*]

그것이 유형이든 무형이든 상관없이
어딘가 갇혀 지내다 보면,
원주율을 따라 도는 시간은
방사성 폐기물에 버금가서 지금도
너의 목소리가 내 두개골 속에서 발굴되고
내 판단력의 번식 기능이
불구가 됐음을 비공식 선언한 뒤로는
시간이 주관하는 아홉 개의 구멍 속에 은폐된
비방과 헛소문들에 대해
무의식이 의식을 고문해 논리가 죽고,
앰뷸런스 사이렌이 히스테리를 부릴 때
시간을 상속받은 회상은
끊임없이 수꿈에게 앞날을 쏘삭거린다
이로써 비논리적으로 자라나는 손톱으로
후벼 판 귓구멍에서 튕겨져
단애로 떨어지는 현기증은
우리들 수꿈의 발원지…
서로가 서로의 배후인
삶과 죽음의 확장성 논쟁은,
시간으로부터 잉여를 증여받은 수다가

죽어버린 논리와 수다를 떨다가
늘 진실보다 한발 늦게 현실에 도착하고
사족보행을 포기한 대가로
손과 팔을 얻게 된 짐승들은
자신의 목에 스스로
올가미를 씌울 수 있게 돼
동공이 확장되는 순간,
삶에서 죽음으로 이행되는 일련의 과정이
해몽이 필요 없는 수꿈에서
비롯됐음을 이해하게 되는 걸까?

* 낮에 깨어서 꾸는 꿈을 이르는 죄수들의 은어.

역 슬로모션으로 퇴화하는 본성 둘

 남녀 상관없이 부끄러움이 부끄러움을 모르는 시절이 있지. 그 시절이 지나가면 그네를 타는 소녀들은 올랭피아* 이기도 하고 아니기도 해서, 부끄러움에게 팬티를 입혀야 하지. 그 뒤로 귓불이 빨개지면 아무 골목길로나 스며들어 거위침을 뱉어 댔지만, 사계절은 곡절이 스물네 개나 되고 소녀들은 올랭피아이기도 하고 아니기도 해서, 시간은 육십갑자가 지나도 멈출 줄 모르고, 천진난만함도 어쩌지 못해 몽정을 했지.

 이른 나이부터 휴일이 반가운 소년들은 배우지 않고도 늑대가 개과임을 어떻게 알게 되는 걸까? 그네를 타든 타지 않든 소녀들은 올랭피아이기도 하고 아니기도 해서, 소년들은 조바심과 마주치면 비속어부터 내뱉고, 개새끼를 관용어로 쓰면서부터는 달을 보고 짖는 개소리조차 늑대 울음소리로 해석하지. 그럴 때마다 소녀들은 또 아무렇지 않게 올랭피아이기도 하고 아니기도 해서, 소년들은 만난 적도 없는 소녀를 그리워하고, 팬티를 입은 부끄러움은 망상의 촉매가 됐지.

 낭만은 비관주의가 잉태시킨 낙천주의의 사생아… 상상력이 고갈된 낭만주의자들은 늙기도 전에 늙어버려서, 기품 있게 죽으려는 소년들은 어떻게든 살아 있어야 하지. 그렇게 오지도 않은 내일마저 심드렁해지는 소년들은 성인용 기저귀를 찬 뒤에도 총천연색으로 남겨질 그리움 위에 흑색 표정을 덧칠할 테지.

허공에 낮과 밤이 동시에 출몰하기도 하는 날씨는 비관주의자들의 것도 낙천주의자들의 것도 아니지만, 올랭피아는 소녀이기도 하고 아니기도 해서, 결국 고비 늙어 아장걸음을 걷게 될 소년들은 또다시 부끄러움이 뭔지도 모르고 지난 시절의 거두절미 먹살을 움켜쥐고 길길이 날뛰다가, 한순간 헛된 것을 좇다가 헛산 듯한 우울감이 온몸을 엄습해 허물을 벗는 거지.

* 마네가 그린 〈그네를 타는 소녀〉 작품 속 소녀 이름.

얼굴에 기록되는 여정*들

휘날리던 눈두덩 눈썹이
급정거를 하면 표정이 튕겨나가 일그러져서
서서히 속력을 줄여야 하는
감정의 맨살이 거칠다
이 지점까지 오는 동안
풀어본 인생 수식 중
생색내기만은 버리지 못해
나누기 빼기는 틀렸어도
은근짜로 더하기 곱하기는 대충 맞췄다
그 결과 너무 살이 쪄 볼품없어진
보잘것없는 내 삶의 서사여
이제 와 식음 전폐하고
다시 가감승제 공부에 목숨을 건들
시기심과 이기심으로 점철된
표정에서 벗어날 길이 없으니
일곱 개의 동굴을 거치는
일곱 개의 여정이 순탄할 리 만무하고,
이왕지사 엎질러진 물
주워 담을 방법도 모르니
어쩌겠는가 얼굴에 철판이라도 깔아

비포장 표정들을 숨겨도 보고,
가감승제보다 복잡한 인생 수식들은
그냥 빈칸으로 남겨두고…
들쑥날쑥 기복 심한 여정 끝마무리를 위해
취조하는 심정으로 다그쳐보는
반성과 차분한 후회로
낯짝 패이고 갈라터진 표정을 메워가며
해볼 수 있는 데까지만 이라도
평탄작업을 해보는 도리밖에는…

* 여정(餘醒): 아직 술이 덜 깬 상태.

* 여정(旅程): 여행의 과정이나 일정.

* 여정(旅情): 여행할 때 느끼게 되는 외로움이나 시름.

* 여정(輿情): 어떤 일이나 행동에 대한 사회 일반의 정적인 반응.

* 여정(餘情): 마음 깊이 아직 남아 있는 정이나 생각.

* 여정(女情): 여자의 정 또는 여자의 정욕.

* 여정(勵精): 마음을 가다듬고 성의껏 힘씀.

이율배반

그녀와 언쟁을 벌인 후
압축파일을 풀던 꿈에 에러가 나 잠이 깼다
꿈조차 결백하지 못해
무의식이 불복종한 탓이다
잠을 잘 때도
알리바이가 필요한 게 삶이라서
복종은 이중첩자, 이념이 완전히 다른
적대감과 두려움을 요령껏 넘나든다
입장 차이로 대치 중인 그녀와 그녀 딸이
성모상 앞에서 동상이몽을 기도(冀圖)한다
간절함을 담은 그녀의 기도(祈禱)와
의지가 굳센 그녀 딸의 기도(企圖)는
동상이몽에서 파생한 동음이의어,
어쨌거나 모든 기도(冀圖)에는 불합리한 조건을
합리화하는 기능이 장착돼 있다
그녀 모르게 기도(企圖)를 사육해온
그녀 딸과 복종을 하수인으로 부리는
그녀의 기도(祈禱)가 한바탕 백병전을 벌인다
적대감과 두려움이 펼치는 고지전만큼
치열한 전투가 세상에 또 있을까?

기도(企圖)와 기도(祈禱)가 서로에게
적대감이나 두려움을 갖는 까닭은
삶이 죽음에게 볼모로 잡힌 탓,
내가 이런 기도(冀圖)의 정체를 알아챈 건
군 시절 선임하사가 그것 대가리로
밤송이를 까라고 했을 때였다
스스로 경험한 바가 있어
누구 편도 들 수 없었지만,
삶과 죽음 사이의 비무장지대에
서식하는 천연기념물 구원(救援)은
구원(九原)이 배경이다

향수(香水)*

내가 거쳐 오거나,
나를 거쳐 간 것들은 예외 없이 모두
썩거나 썩는 중이다
선친은 벌써 대전현충원 묘역 흙이 됐고,
거동이 불편하신 어머니는
몸소 역한 냄새를 풍겨 자식들에게
부패가 시작됐음을 이른다
내 머릿속을 거치면,
순결했던 생각도 비릿해지고
신선한 공기마저 내 폐부를 거치면
악취를 풍겨 주변을 아연실색케 한다
내 몸에 너무 오래 칩거해
시궁쥐 내를 풍기는 욕망들과
썩은 것을 찾아 위험한 세계를
좀비처럼 배회하는 감각들…
이런 부패 인자들은 굳이 내가
감정의 하수인임을 감추지 않는다
그리하여 아무도 모르게
심연 깊이 파묻은 거짓과 음탕과
음흉한 악다구니들이 표정으로 배어나올 때면,

눈가를 타고 흐르는 침출수의
찝찔한 맛과 냄새… 아 이 부패의 진액이
세상에서 가장 위험한 개체들을 증식시켜 왔다
그렇다, 살인마 조향사가
무한 증식하는 부패 인자들을 감추기 위해
향수에 시취(屍臭)를 가미한 뒤로
감정은 죽은 자들의 것이 아닌데도
죽은 자를 대신해 산 자들이 슬퍼하고,
세상의 질서도 무너져 도처에서
시취에 중독된 유령들이 사람의 탈을 쓰고
출몰해 이성(理性)을 유혹한다

* 파트리크 쥐스킨트의 소설을 톰 튀그베어 감독이 영화로 만들었다.

허물

정신병동 5층 창문
쇠창살이 허물을 벗고 있다
그 검은 허물에 갇힌 병원 복도는 창백해도
창백함에 대해 간증하는 것은
허물 몫이 아니지만,
변태한 애벌레가 허물을 벗는 것은
일생일대의 과업이라서
허물은 누가 대신 벗겨줄 수 있는 것도 아니겠지…
진료 차 병원에 올 때마다
불안감이 엄습하는 까닭은
육신이 겪고 있는 고통 때문이 아니라
웃음이나 울음 가락에
장단 맞춰 살지 못한 탓!
그러니 허물 벗을 일이 요원하기만 하다
이럴 때마다 내 어리석음에 대한 보충설명이나
정신상태 검증 따위는 때려치우고
허물들 상주 노릇이나 하자 다짐하지만,
습관처럼 조문하러 다니며
허물들에게 예를 다하는
조문객들 웃음이나 울음은

이미 지나가 사라져버린 것들로
번성한다

트라우마

내 기억들은
시간에게 유괴된 스톡홀름증후군 환자,
언제 어느 때 불러내도
거역하는 법이 없다
전생에게 유괴된 기억도 남아 있어서
시간에게 유괴된 기억에게
어설프게 다시 유괴되는 나는,
기억을 치유하기 위해
하루 세 번 쓴 커피를 복용하며
투명한 유리창이 깊어지길 기다린다
(깊어진 유리창마다 갇혀 있는 망령들!)
이르노니 밤에 각성하는 사람아
어둠을 수면제로 복용하면 무의식의 세계가,
각성제로 복용하면 의식의
세계가 격정에 휩싸인다
또 이르노니 밤에 각성하는 사람아
우리는 시간에게 유괴된 기억의 인질임에도
또 다른 시간을 유괴하려고 끊임없이
어두운 장소를 물색하는 혼파망˚의 자식들
삶이 죽음보다 풍요롭다는 것을

이해하기 위해 죽음이 깨어나는
깊고 쓴맛에 감미로움은 가미하지 말라!
중독된 삶은 설명이 필요 없고,
삶을 위해 지불하는 대가는
선불로 당겨쓰는 잠뿐이므로
얕은 찻잔에 담겼어도
속을 알 수 없는 커피를 복용할 때는
어둠에 두꺼운 눈꺼풀 쳐
몸 내부의 어둠이 외부의 어둠과
완전체가 되는 것을 차단하라!

* 혼돈 파괴 망각의 첫 글자를 딴 절망적인 상태를 이르는 말.

훗날

현자들이시여 모색은 종종
정신과 마음의 타협으로 항구적이지 않아서,
일인칭 서사는 구구절절
과대 포장되기 마련입니다
그렇습니다 유감스럽게도 대다수 사람들은
요절에는 통 재능이 없어서,
훗날을 누리지 못하고 서른일곱
같은 나이에 요절한 랭보나
고흐의 훗날만을 부러워할 뿐…
누구 아무개도 배운 도둑질이
주판알 퉁겨 이득이나 따지던 출신이라서
몸 쓰는 일에는 쉬이 적응을 못하고,
누구들 눈치나 살피다 비대해진 서사를
삼인칭 서정으로 그럴싸하게 각색하는
시편들이나 끼적이다가 남은 생마저
마감시간에 쫓길까 전전긍긍입니다
이른 나이에 과감히
생의 결론에 다다른 현자들이시여
서정에 빌붙는 서사는 비겁해
살기는 힘든데 죽지도 못한다는 하소연은

내세울 게 아무것도 없다는 자백…
그러니 요절도 아무나 할 수 있는 게 아니고,
시인도 시인이기 이전에
어쩔 수 없는 인간이기에
훗날을 핑계 삼는 망각증이 도질 때마다
흰 붕대로 귀를 싸맨
고흐의 자화상 앞에서
묵념 아닌 묵념시간이 길어집니다

팔월

보름달이 뜨면
공명(功名)하려는 절치부심이
이종교배로 죄를 낳고,
거주지로 바벨탑을 쌓는 마을엔
산비탈 판자촌 골목들이 이주해
집집마다 각기 다른 등고선이 생겨났다
골목 어귀마다 디지털 출입문이 생겨나는
이 시대는 막다른 시대,
그 문이 열릴 때마다 올라갈수록
막다름에 다다르는 골목들이
두성으로 짖어대는 코요테 울음소리!
물 아편 담뱃대를 통과하는 그 맵고
몽롱한 소리에 취해
보름달을 올려다보는 팔월은,
모든 것을 잊게 하는 달
누군가가 재봉바늘에 실바람을 꿰어
천지창조의 본을 뜨는 밤하늘에
까마귀 토끼 작은 곰 큰 곰
사자 살쾡이 큰 개 작은 개 사냥개
할 것 없이 죄다 출몰하는

팔월은 모든 것을 잊는 달
그런 밤하늘에도
실패를 위해 예비 된 별자리는 없어서
막다른 심정으로 내몰린 사연들이
내 안에서 시끄럽게 웅성거리고,
기억을 한 꺼풀 탈피한
울음도 짐승처럼 울부짖어
모든 것을 잊어야 하는 팔월은,
암흑물질로 채워진 뇌리에
기생하는 계절

* 아메리카 원주민들이 부르는 8월의 명칭.

방어기제

그늘이 두터운 길이나
낙엽이 은폐한 길은
밟지 않는 게 상책이기에

고요가 바스락대는 상수리나무
숲 그늘이 두터워지거나
대책 없이 열불을 내던 계절과 갈라선 가을이
점점 더 쌀쌀맞아지면

냉혈적인 내 체질은
차디찬 함박눈에서 포근함을 느끼는
온혈인간으로 변해서,

나는 아무도 없는 갈림길에서조차
진심을 드러내는데
여러 번 실패했었다

물방울

부동(不動) 속으로 스며들어
역류하는 물줄기, 수직으로 상승하는
그 물줄기 지류 끝에 고인 물방울은
부동(不動)의 형식으로 부동(浮動)을 해석한다
윤회는 기억의 복원이라서
나팔꽃은 저녁마다 꽃잎을 닫아걸고,
부동(不動)의 형식에 지배당하지 않으려고
나무들이 부동(浮動)하는 물방울들을 포집할 때
풍경은 수평을 견인하며
유려하게 흐르는 강과,
수직을 지지하며 치솟는 산이
하나로 이해되며 완성된다
물방울은 해석되지 않는 풍경들을
응집력 안에 복원시켜 주는 형상기억물질,
기억이 사망한 시대를 기억해 내는
물방울 하나하나의 흥망성쇠는
지구가 공전하는 궤도에서 발견되고,
식물들의 꿈은 바다를 기억하는
물방울들에 의해 점점 광대해져
생명을 품은 숲으로 자란다

그림자 바이블

살면서 말을 너무 많이 소진 했으니
이제부터는 저물어가는 풍경들을 눈에 담아야지…
존재 하나가 새롭게 세상에 나타났을 때
아무도 날씨에 대해서는
거론하거나 상관하지 않았다
화창했을까? 탄생이 곧 죽음이
활동을 시작했다는 신호였는데도 말이다
날씨가 어땠는지는 몰라도
모든 존재들은 가장 낮은 장소에서
그림자들의 영혼으로 태어나고,
그런 그림자는 모두 어두웠다
(아아 어두운 것들은 뜨거움을 모른다!)
세상 가장 낮은 바닥에서 살아가는
그림자에게서 영적 존재가
태어난 걸 보고도 바람은 가만가만했을까?
사납게 세상을 후려치고 있었을까
그림자의 영혼으로 태어나기 이전의
내 안식처가 포근했었는지
음침했었는지 기억이 없다
수생(水生)을 떠나 차원 이동을 하면서

이전의 기억들이 리셋됐다
다만 영적 존재에게
냉감이 한풀 꺾이는 체온이 생긴 게
차원 이동 후 첫 고난이었음은 기억한다
저무는 것들은 저물어야 할 때를 아니까
계절이 그렇고… 사람도 그럴까?
약육강식 같은 무거운 이야기나
기다림 같은 절절한 사연은
종이비행기로 접어 날려버리고,
온갖 날씨의 풍파에도
본래의 색은 변질되지 않거나
꽃인 줄 모르겠는 꽃을 피우는,
영혼의 단짝들만 마음에 두고
그림자들이 어둠이 되어 사라질 때까지
저무는 풍경에 몰두해야지
저무는 것들은 저묾을 기다리니까…

4부

서커스에서 마침내까지

서커스

피로한 잠을 자면서도
며칠째 제주 해안도로를
걷고 또 걷는 중이다
파도들 갈채에 취해
모둠발로 뛰거나 제자리걸음을 걷거나
또는 잠깐씩 멈춰 서서,
새로운 주법이나 중심을 잘 잡을 수 있는
자세를 고심 고뇌하면서
이얍! 기합과 함께 이 행성
자전축을 돌리는 공굴리기도
재주라면 재주일까요?
지구를 굴리는 것이 재주로 보이는 것은
두 발로 버텨야 하는 직립이
위태로운 자세라고 믿어서이지만,
구르는 지구에 깔려
지면에 붙박일 때까지
고작 쳇바퀴나 도는 별거 아닌 재주도
때로는 기대와 가슴 졸임과 신기함을 보여줘
나는 지구가 잠깐씩
느리게 자전하는 긴긴밤에

숨이 턱까지 차올라서
이불 킥을 해대다가,
이 행성에서 뛰어내리는 공중제비를
멋지게 성공해 보여주고 싶은 마음에
오늘도 공굴리기에 열중하며
들뜨기도 하는 것이다

암전

톤레샵호수에 빠진 수상가옥들이
헤진 옷가지들을 흔들고 있다
푸른 하늘에 빠져 넘실대는
뭉게구름들은 여유롭기 그지없는데…
이방인을 태운 통통배들만
스크루에 감겨 있는 물살을 풀며
다급히 달려 나간다
제힘만으로는 수상가옥을
견인할 재간이 없는데도
어떻게든 견인해 보려고 물살을
수상가옥 쪽으로 풀어 보내며
제자리서 통통거리는 통통배들…
대여섯 살배기 아이들이 양은대야나
고무대야를 타고 수상 가옥에서 탈출해
통통배 주위로 몰려든다
아이들 환한 눈빛에 낚이면
지갑이 풀이 죽는다는 가이드 말에
서둘러 선글라스를 찾아 쓰는 이방인들…
생뚱맞게 맹인 시늉을 하는 이방인들 눈앞에
아이들이 가난보다 하얀 손바닥을 내밀며

원 달러를 외친다
갈고리 졌던 경계심이
천진한 아이들 웃음에 닻을 내리는 그때,
낯빛 붉어진 태양이
핏기 가신 낮달을 피해
슬그머니 지구 뒤로 몸을 숨겨
세상이 구분 없이 어두워진다

심연

청량리까지 온 동두천행
지하철이 숨이 턱에 차
느리게 지상으로 부상하는 중이다
잠수함 속 토끼처럼
충혈된 승객들 안구가
어두운 전철 유리창에 박제되고,
그녀 목에 인공후두마냥 매달린 카세트에선
음정 갈라진 찬송가가 흘러넘쳐
텁텁한 실내 공기가 급격히 습해진다
습기에 용해된 허름한 냄새에 취해
승객 몇은 그저 졸고,
몇몇은 시선을 망실한
그녀의 뒤통수에 애린(愛隣)의 눈빛을 쏘아
그녀의 순교(巡敎)를 대신한다
마음이 감정에 연동된 빛깔로 물들 때
심연의 어둠을 들여다보는 게 슬픔이어서,
그녀는 스스로 발광해야만
살아낼 수 있는 심해어의 운명에 대해
고막 긁어대는 소음으로 항변한다
길이 끝나는 지점까지,

길 위에 포개진 평행선을 따라가는
막다른 운명을 막아서려는 걸까?
사선을 긋는 빗줄기들이
철길 옆 푸른 신호등
불빛을 흐리고 있다

잔상(殘傷) 혹은 잔상(殘像)
— (톱날이 이팝나무 몸통을 절단하고 있는데도 지켜만 본 내 방관이 생장을 촉진시킨 게 분명했다. 밑동만 남은 이팝나무가 그새 곁가지 하나 오지게 키워 주먹 쥔 가운뎃손가락을 곧추세웠다.)

내 시선이 느낌표에서

물음표로 굴절했으므로,

주먹 쥔 가운뎃손가락 곧추세워

내게 뻑큐를 날린 이팝나무,

지나는 길에 궁금해 다시 찾아가 봤다

터가 센 탓일까? 상추들은

이동식 스티로폼주택으로 이주하고

텃밭 골목길은 문패 내단 붓꽃과

이름 모를 야생화들로

주민들이 바뀌어 있었다

목숨은, 어떤 목숨도

죽으면 기립을 포기하기 마련인데

한 뼘 남은 몸 눕히지 못하고

송곳니처럼 드러내고 죽은 그 이팝나무,

영정사진처럼 보라색 꽃잔디로

화관을 두르고 있다

멀리서부터 곡을 하며 오는 바람 소리에

괜스레 마음 켕겨 엉거주춤 서 있는데,

조금 떨어져 서 있던

어린 이팝나무가 가냘픈 가지로
내 손을 더듬다가 스쳐 놓친다

밤나무는 울안에 심지 않는다
―현충일 유감

생강나무에 왜소하고 노리끼리한
꽃송이들이 출몰한 후, 한 위도에서 시작된
국지전이 전면전으로 치닫는다
백의를 입고 목련나무에 집결한 봄의 첨병들이
봄의 행렬이 당도하기도 전에
흙빛으로 죽어 나가서,
사무라이대가리 같은 국회의사당 지붕을
바라볼 때면 중앙청이라고 불리던
조선총독부 건물이 함께 떠올라서
선친 성묘하러 대전현충원을 가는
현충일에도 밤나무 주둔지에선
정액냄새가 진동했다
왜정시대를 직접 겪어보지는 못했지만
전생에 이 땅의 아녀자들을
지키지 못한 죄로 군에 징집돼
생식기대가리로 밤송이를 깔 때마다
"밤나무는 울안에 심지 않는다"시던
할머님 말씀을 곰곰 곱씹고는 했었다
지난해에는 동네 뒷산을 벌채하던
벌목꾼들이 밤나무는 연기에 독성이 있어서

땔감으로도 쓰지 않는다며
낙엽송만 수거해 갔다
왜정시대 순사앞잡이 하다가
해방 후 시경 간부가 돼 적산가옥 마당에
온갖 기화요초와 유실수를 기르던
누구네 집도 집 안에 쥐구멍이 생기면
지체 없이 밤송이를 가져와 틀어막았지만,
밤나무만은 울안에 심지 않았다

일출

남보다 일찍 일어나거나
늦게 잠들어야 입에
풀칠이라도 할 수 있다면,
무엇보다 우선 몸이 재산임은
말이 필요 없는 경험칙이다
틈나는 대로 얼굴에
침이라도 발라
고양이세수라도 해야 하고,
그마저도 여의찮으면
용기백배하기 위해
마른 낯짝이라도 두 손바닥으로
썩썩 비비는 자문(自問) 뒤
두 뺨 때려 자답(自答)하는 모습이,
누구들이 두근두근 기다리는
동녘 하늘 안광(眼光)이다

수행(修行)

삼각산 도선사 뒤편 길,
백운대 오르는 등반로 옆에는
민머리 바위가 대웅전을 등지고
가부좌를 튼 채 수행 중이다
오를 때는 볼 수 없고
내려올 때만 볼 수 있는 그 바위
가슴팍에는 몸통이 양단 날 듯 깨물린
아홉 개의 선명한 이빨자국이 있다
아, 비명조차 깨문
저 수행자 가슴팍
말없음표 문장부호는
일분일초가 여삼추이리

설득

후회는 목적을 달성하지
못했을 때만이 아니라
목적을 달성했을 때도 기능해서,
살아 있음 자체가 목적어가 되는
초상집 술자리에 쾌락이
허락도 없이 끼어든다
납득하지 못하면서도
납득당하고야 마는 종교처럼
죽음에서 쾌락을 배제하는 건
영생이나 윤회를 논하는 것만큼이나
무의미한 인사치례라는 게
술자리 다수의견이었지만,
의례적 인사치례조차 자초지종을
따지는 우리들 명석함은
왜 그리 맹목적인지…
설법을 활자로 들려주시는
스님의 일갈이 귓전을 맴도는데도
후회와 조우하기 전부터
마음 한편에 똬리를 틀고 있던
허무가 빙그레 흡족해한다

풍화

사는 일이 버거워 눈시울이 터질 때마다 늑골에서 명주실 같은 문장들을 뽑아 두 눈을 시치거나 솔기 헤진 마음을 덧깁거나 입을 누벼왔는데, 감미로운 바람이 불면 천박한 생각들이 부풀어 입과 눈이 터지는 탓에 찌푸려진 미간 사이에 내 川자 주홍글씨가 새겨졌다. 그 뒤로 세월의 물살이 이마에서 일렁이고, 그 물살에 몸을 맡길 때마다 실밥처럼 묻어오는 환락과 사치와 음탕을 엿듣게 돼, 남은 생이 미간에서 입술을 내리누르는 인중까지 파죽지세로 흘러내린다.

매듭

 그녀의 시선은 방 문짝에 막혀 끊어지고, 벽시계 초침이 고요가 멈춰버린 시간을 구심력에 감고 있다. 제 방에 틀어박힌 그녀 아들은 방문 틈을 침묵으로 밀봉했다. 반나절 사이 모자 지간은 장식장과 거실바닥 사이에 쌓인 먼지만큼 서로 경시하는 관계로 변해, 소리 없는 소란이 잡동사니처럼 집 안을 굴러다닌다.
 그녀는 알지 못하고 그녀 아들만이 아는 여자와 팔짱을 낀 채 인화지에 박제된 시간들, 문자의 형상으로 휴대폰에 다정다감하게 기록된 속삭임들, 서로 다른 감정들이 휴지에 흠뻑 젖어 있는 시간들이 그녀의 눈동자에 물방울로 떠올랐다가 하나하나 기포가 되어 터진다.
 시간의 구심력에 감기다가 구심력을 배척하는 시간의 원심력과 얽혀버린 그녀와 그녀는 모르는 여자의 승강이가 반복될 때마다 들리는 고요의 초조한 내레이션을, 그녀와 그녀 아들은 제각각 다르게 해석한다.
 그녀가 심호흡하며 시계초침에 감겨 있는 시간의 올을 조심스럽게 잡아당긴다. 구심력에 감겨 있던 시간의 과거가 술술 풀려나오다가 어느 지점에서 목이 졸려 뻘겋게 달아오른다.

어둠의 후손

잡다한 속 들키지 않으려고
이 세상에 올 때
몸속에 재워온 어둠을
이제 그만 끄집어내고 싶다
툭하면 아무하고나 거리낌 없이
주고받는 서푼짜리 악다구니에
찌들대로 찌들어 버린,
그 어둠을 이불솜틀에
뽀얗게 부풀려서 다시 몸속에 재우면,
마음 푸근해지고 표정도 가뿐해져서
누군가의 가시 돋친 구박마저
까짓것으로 넉살맞게 받아들일 수 있을까?
처음부터 몸속에 어둠을 재워온 탓에
머리칼이 센다는 것은
공인받지 못한 비밀이지만,
세상과 타협하지 못하고
하얗게 날밤 샌 날이면
괜히 어둠에게 미안해져서
회피하는 시선으로 도중에
모습을 감춘 잠의 행방을 쫓는다

근시안

수면(睡眠) 밑창이 긁히는
수심(愁心) 속에서 황급히 부상해
내쉬는 심호흡은,
결혼한 여자가 또다시 결혼을
꿈꾸는 무아경 같은 것
뜨거운 계절이 남긴 열상(熱想) 때문에
달빛과 결속되는 자유가
유리창에 얼비치는,
산소 희박한 망상은 황홀하고
자유와 합심한 사랑이
우리들 결단을 윽박지를 때
욕망에 잠재된 기억들로
사랑을 도모하는 결핍성은 근시안!
두 번씩이나 결혼한 사촌누이에게는
외로움과 헤어지라고 어깃장을 놓고,
두 번씩이나 이혼했던 늙은 고모에게는
외로움과 합치라고 성화를 부린다

오류

 의료보험조합에서 재검진을 받으라고 통보가 왔다. 콩팥에 착근해 꽃봉오리를 밀어올린 분홍색 살점, 아직 만개도 하지 않은 그 꽃봉오리 조각을 떼 조직검사를 받는다. 조직과 검사가 결합한 단어라니… 몸 떨리게 무섭다. 예전에도 조직을 결성했다가 기소유예를 받은 내 늑막은 이십 년 넘게 근신 중인데도 매년 서울성모병원 호흡기내과로 출석하라는 요구서가 집으로 날아들고, 그때마다 내가 죽음으로부터 가석방 중이란 걸 상기하게 된다.
 IMF사태 때 읍참마속 당해 자식 의료보험에 피보험자로 올라가 있는 내 이름 앞에, 혹처럼 붙은 애비 父자. 머린 오간 데 없고 몸통만 남았는데 또 조직을 결성하는 죄를 짓다니… 내 의지와는 상관없는 일일지라도 동일 범죄로 가중처벌 될 게 두려운 나는 검사와 마주할 때마다 하늘이 노래지지만, 소싯적부터 착하게 산 기억이 별로 없으니, 오진마저도 감수해야만 한다.

취중 진담

제 몸 하나도
제대로 가누지도 못하는
명주나비가 명자나무를 찾아와서
뭐라고 조곤조곤거렸기에
나비 떠나자마자 철렁,
떨어져 내리는 빠알간 꽃잎 하나!
철렁과 찰랑 사이에
건널 수 없는 강이 흘러
명자꽃 필 무렵이면
아! 와 어? 사이에 황사가 불고,
그대를 운구하면서
장갑과 마스크를 착용했다
먼짓가루는 필시 죽음의 특허품일 테지만
저승에도 황사가 불까?
분다면 죽음의 자식인 디오니소스가
술의 신이 된 것은 필연적 귀결일 테니…
그게 어떤 목숨이든
맨정신으로 남에 목숨 거둘 수 있겠는가?
스스로에게 묻다가 이 질문이
너무 생경해서 대낮부터 얼굴 뻘게졌는데,

떨어져 내린 명자꽃잎에 덮인
명주나비의 주검이 황홀했다

피차일반

지구와 달리 물 한 모금,
나무 한 그루 없다는 천국에는
낮엔 보이지 않는 사막이 있다
오아시스에 고립된 우리들이
밑도 끝도 없어 캄캄한 밤하늘
별빛들을 궁금해하듯이,
저 너머 세상에서 우리들이 사는
푸른 세상을 동경하는 누구들도 있다면
그들도 고립된 게 분명하니,
존재하는 모든 것들은
홀로 존재함이 마땅하리

진심

기도하는 자세로 줄지어 서서
눈 감고 있다가

산사 저녁예불 종소리에
일제히 눈을 뜨는 가로등 사이에서

저 홀로
눈 캄캄히 감고 있는,

가로등
하나

출구

강가 풀밭에 누워
멀뚱히 하늘과 대면하는 중이다
그대로가 여백인 허공에는
길 아닌 길이 너무 많아서
날아오른 새들은 결국 어디에선가 실종된다
여백 위에 줄기차게 말없음표를 찍거나
말줄임표를 찍던 철새들이
마지막에 찍은 마침표마저 사라지는,
새들의 실종을 물끄러미 바라보다가
문득 모든 여백이 출구 같아 아득해진다
그대로가 출구인 허공은
출구 아닌 출구가 너무 많아서
날아오른 새들이 실종되는 것이겠지만,
그 출구들은 또 가늠할 수 없이
넓은 출구에 막혀 있는 탓에
출구를 찾지 못하고 급상승과 급하강을
반복하는 황조롱이 한 마리가
강 건너 철탑에 내려앉아 숨을 고른다
아 아득한 거리는 출구가
출구로 막혀 있는 거리라서,

실종된 새들의 실마리를 풀지 못해
눈살을 모으면 미간에 써지는 川자로,
바다에 다다른 강들이
강물을 토해내면서도
입 다물지 못하는 이유가
막다름을 피하려는 것임을 짐작케 했다

마침내

?
??
????
!
…
……
………
…………
‼
,
,…
,…,…
,……,……
…
?
……,
!
…,
.
뭐지

정말 뭐지
도대체 뭐지
아
말끝을 흐리네
말하다 마네
제발 말 좀 해봐
말을 안 하니 답답해 죽겠어
그랬구나 그래서였구나
한숨을 쉬네
한숨 좀 그만 쉬어
뭔 한숨이 천근만근이냐
저러다 아주 숨넘어가겠어
말하기 싫은 가 봐
왜지
말 하나 마나여서
아 그런 거였구나
말이 필요 없는 거였어
그거면 됐어 끝내

■□ 해설

잘 끝나지 않는 애도의 시간
- 최용훈 시집 『사랑, 그 진심과 믿음에 대한 쓸쓸한 질문』 읽기

오민석(문학평론가·단국대 명예교수)

I.

이 시집의 중심은 상실에 있다. 1부의 주제를 이루는 「오늘은 비가 내리고」 연작 8편은 모든 부제가 '사랑, 그 ~에 대하여(대한)'라 달려 있다. 이 시들은 투병 끝에 세상을 뜬 아내에 대한 애도의 시들이면서, 동시에 그 엄청난 상실을 통해 그가 해석한 사랑의 시들이기도 하다. 이 시들은 죽음과 소멸의 프리즘을 통해 사랑의 의미를 읽고 있는데, 이것들은 사랑을 떠나보낸 후의 사유이기 때문에 후회, 회한 등, 포스트-사랑의 정서를 담고 있다. 이 시집의 제목인 "사랑, 그 진심과 믿음에 대한 쓸쓸한 질문"은 「오늘은 비가 내리고 1」의 부제이기도 한데, 이 시집은 말 그대로 실제 사랑의 모습("진심")과 사랑의 판타지("믿음")에 대한 '쓸쓸한' 회상과 사유를 담고 있다.

당신이 겪는 고통의 강도를

어림짐작도 하지 못하게 됐을 때,

진심이나 믿음과는 무관하게

당신과 나 사이에 쓸쓸함이

상처 입는 모과의

짓무른 향같이 차오른다

    *

일생의 고단함을 함께 헤쳐와

포기할 수 없는 사랑일지라도,

사랑은 순도가 낮을수록 더 반짝거리는

금붙이 같아서 오늘은 비가 내리고

제아무리 결백한 날씨라도

반복되는 기대와 실망으로

우리의 소망이 늪지대로 변했을 때,

쓸쓸함은 사랑이 그런 것인 줄도 모르고

더 찬란하게 연마하려고

반백 년 동안 당신과 내가

지지고 볶아대다가 여기저기

우그러진 생의 밑바닥에 눌어붙은

사랑의 불순물 찌꺼기…

- 「오늘은 비가 내리고 1 -사랑, 그 진심과 믿음에 대한 쓸쓸한 질문」 부분

진심 혹은 믿음이라고 말하는 사랑이 "쓸쓸한" 이유는 일차적으로 아무리 사랑할지라도 "내"가 아픈 "당신이 겪는 고통의 강도를/ 어림짐작도 하지 못하"기 때문이다. 나와 절대적 타자인 당신 사이의 이 건널 수 없는 거리가 사랑을 쓸쓸하게 한다. 어머니를 잃고 수년 동안 비참함 슬픔 속에 있던 롤랑 바르트R. Barthes도 『애도일기』에서 다음과 같이 말한다. "우리가 그토록 사랑했던 사람을 잃고 그 사람 없이도 잘 살아간다면 그건 우리가 그 사람을, 자기가 믿었던 것과 달리, 그렇게 많이 사랑하지 않았다는 걸까……?" 바르트가 질문을 던졌던 것처럼 나와 절대적 타자 사이의 거리는 그 어떤 사랑으로도 좁혀지지 않는다. 이 엄연한 사실은 절대적 타자가 내가 "어림짐작도 하지 못"할 정도의 고통 속에 빠져 있을 때, 그리고 그가 죽어 세상을 떠났을 때, 확인된다. '진심'이라 생각하는 사랑에 대한 '믿음'은 나와 당신 사이에 있는 이 모든 거리를 용납하지 않는다.

우리가 믿는 사랑은 프로이트가 설명했던 것처럼 나의 리비도가 타자에게 완전히 전이된 상태를 의미한다. 그러할 때만 타자의 고통은 온전히 나의 고통이 되고 타자의 죽음 역시 나의 죽음이 된

다. 그러나 그 어떤 경우에도 나는 나를 지우고 타자가 되지 못한다. 시인의 회한은 바로 이 지점에서 시작된다. 극단의 고통에 시달리는 아내를 보면서도 그 아픔과 완전히 함께하지 못하는 나를 향하여 그는 '이게 과연 사랑인가'하고 "쓸쓸한" 질문을 던진다. 그러므로 이 시에 나오는 사랑에 대한 모든 '부정적' 해석과 판단은 그 자체 논리가 아니라 반성이다. "사랑은 순도가 낮을수록 더 반짝거리는 금붙이"라는 문장은 시인의 사랑이 가짜였다는 뜻이 아니라, 완벽한 상태에 도달할 수 없었던 사랑에 대한 회한의 진술이다.

> 그렇게 혼자 남겨진
>
> 죄와 벌을 감당할 자신이 없어서
>
> 정신과 치료를 받으며
>
> 육 개월 넘게 집을 비워 둔 사이,
>
> 당신이 정성을 다해 키우던 제라늄도
>
> 피골이 상접한 채 죽어 있었다
>
> 사시사철 거실을 따뜻한 분홍빛으로 밝혀 주던
>
> 제라늄꽃들이 완전히 소등한 뒤로
>
> 무시로 죄와 벌을 상기하는
>
> 내 마음도 어두컴컴해져서,

> 촛불을 켜는 심정으로
>
> 책상머리 당신 사진 앞에 앉을 때마다
>
> 오래전 당신에게 건넸던
>
> 혼인서약서를 형법 조문으로 암송한다
>
>   -「오늘은 비가 내리고 5 -사랑, 그 죄와 벌에 대하여」부분

살아생전에 그의 고통을 함께 느껴 들어갈 수 없어서 괴로웠던 타자가 세상을 뜬 후에 남는 것은 "죄와 벌"에 대한 의식이다. 시적 화자는 그것을 감당할 수 없어 육 개월 이상 정신과 치료를 받지만, 그것으로도 죄와 벌에 대한 의식은 사라지지 않는다. 이런 관점에서 볼 때, 사랑은 '죄와 벌'로 정의될 수 있는 부분이 있다. 죄와 벌이 있으려면 그것의 기준이 되는 율법이 있어야 한다. 화자에게 그 율법은 "혼인서약서"이고, 죄와 벌에 대한 의식은 그 서약서에 명기한 대로 지켜지지 않은 사랑에 대한 자각에서 나온다. 혼인서약서는 사랑과 결혼에 관한 가장 이상적인, 그래서 사실상 지키지 못할 약속으로 가득 차 있다.

상실의 슬픔을 담은 「오늘은 비가 내리고」 연작시 여덟 편엔 제목처럼 계속 비가 내린다. 롤랑 바르트에 따르면 애도란 "고통스러운 마음의 대기 상태"이다. 그것은 고통 속에서 다음 단계로 다가올 혹은 다가설 무언가를 기다린다.

> 당신 따라가 버린 내 사랑을
>
> 안치할 장소를 물색하려고 아문 상처와
>
> 아물지 않은 상처 사이를 탐문하다가,
>
> 기쁨이나 슬픔에게는 알리지도 않은 채
>
> 나조차도 가본 적이 없어
>
> 나만이 찾아갈 수 있는
>
> 내 마음의 오지에
>
> 그 사랑을 묻어 었다
>
> 그 어떤 비문이나 비석조차 없이…
>
> ―「오늘은 비가 내리고 7 ―사랑, 그 감정의 형태소에 대하여」 부분

상실의 아픔이 누구에게나 동일한 것은 아니다. 한 주체의 아픔은 다른 주체에게 수렴의 대상이 될 수 없다. 모든 아픔엔 그 아픔을 겪는 주체만의 고유성이 있다. 그것은 일반화될 수 없다. 그리하여 화자는 "나만이 찾아갈 수 있는/ 내 마음의 오지에/ 그 사랑을 묻어주었다"고 고백한다. 시인이 볼 때, 이것만이 사랑을 잃고 죄와 벌의 의식에 시달리는 화자가 갈 수 있는 가장 합당한 길이다.

II.

애도는 일종의 회상이다. 애도는 회상을 통하여 이미 떠난 사람을 다시 떠나보내는 과정이다. 그것은 과거를 재해석하며 상실 이후의 삶을 재발명하는 과정이다. 사랑하는 사람의 죽음을 통하여 모든 과거는 근원적으로 다시 읽히며 헐벗은 죽음 앞에서 더욱 솔직해지고 진실해진다. 최용훈이 과거를 재약호화하는recoding 방식은 다음과 같다. 그는 무엇보다도 시인의 시선으로 세상을 읽는다. 시인-주체야말로 최용훈이 세계를 읽는 렌즈의 초점이다.

> 시가 강림하기 이전의 일들이야 그렇다고 쳐도
> 시가 자신의 몸주가 된 이상
> 이후의 발언과 행동은
> 시의 지배를 받아야 마땅한 것
> 시와 무관하게 나돌아 다니는
> 몸과 마음이 멋대로
> 시의 영역을 이탈하지 못하도록
> 하다못해 모가지에 개 목줄이라도 채워
> 스스로를 결박해야 함도,
> 어찌 보면 시인 것…
> 하여 나는 사랑했네

사랑해선 안 되는 것들을

- 「자박(自縛)」 부분

2부를 여는 대여섯 편의 시들은 모두 시인의 시인-주체에 대한 자각과 관련되어 있다. 위 시의 제목처럼 시인은 다양한 주체의 가능성을 시인이라는 사실에 "자박(自縛)"한다. 시는 최용훈이 스스로 자신을 묶은 운명이며 시인의 "몸주"이다. '몸주'란 시인이라는 '무당의 몸에 처음으로 내린 신'이다. 무당인 시인은 자신에게 내린 신의 명령을 따르며 "몸과 마음이 멋대로/ 시의 영역을 이탈하지 못하도록" 자신을 옭아맨다. 시인은 그의 주인인 시의 시선으로 애도하고, 사랑하고, 회상한다.

2집의 대부분의 시는 「베이비부머들의 초상」 연작이다. 이 연작들은 예외 없이 수많은 명사형의 부제들로 이루어져 있다. 여기에서 두 가지 점이 발견된다. 그 하나는 그의 자기 회상이 집단적 상상력을 경유하고 있다는 사실이고, 다른 하나는 그 회상이 시적 은유를 통하여 이루어지고 있다는 것이다. 그는 자신이 속한 "베이비부머들"이라는 집단의 경험과 세계관으로 자신의 지나온 생을 읽는다.

『숨은 신』의 저자로 유명한 루시앙 골드만L. Goldmann도 세계관을 개인이 아닌 집단의 것으로 규정하였다. 그에 따르면 세계관이

란 "한 집단의 구성원들을 서로 연결해 주고 그들을 다른 집단의 구성원들과 구별해주는 사상과 소망과 감정의 복합체"이다. 그러나 특정한 집단에 속한 모든 개인이 자신이 속해 있는 집단의 세계관을 고도의 일관성을 띤 형태로 표현할 수 있는 능력을 갖춘 것은 아니다. 자신이 속한 집단의 세계관을 고도의 일관성을 띤 형태로 표현할 수 있는 인간을 골드만은 '예외적 인간exceptional men'이라 부르는데, 여기에서 그가 말하는 예외적 인간이란 바로 철학자와 예술가를 가리킨다. 골드만의 주장을 따르자면 최용훈은 '초개인적 주체trans-individual subject'로서 자신이 속해 있는 베이비부머 집단의 경험과 세계관을 고도의 시적 일관성을 띤 형태로 표현하는 예외적 개인이다. 그는 무려 20여 편의 베이비부머 연작시를 통하여 경제개발과 군부독재와 가부장제의 시대를 뚫고 지나온 역사적 집단과 그 집단 안의 자기 정체성을 시적으로 표상한다. 그것은 하나의 모습이 아니라 수많은 다각형으로 이루어진 다면체이며, 각각의 단면은 베이비부머라는 집단과 그 집단에 속한 개인들을 은유하는 이름들로 이루어져 있다.

  갇혀 지내느라 부리는 깨지고
  날개는 퇴화한 그대여
  우리는 모두 마트료시카인형처럼

> 갇힘 속에 다시 갇히고 갇혀
>
> 점점 더 작아지는 죄인 아닌 죄인…
>
> 아침마다 거울 속 너 아닌 너를 만나서
>
> 넥타이로 목을 조르기에 여념이 없지만,
>
> 봉급 몇 푼에 매인 목숨이라서
>
> 숨 끊어지게까지 조르지는 못하는
>
> – 「베이비부머들의 초상 -앵무」 부분

베이비부머와 시인을 "갇힘 속에 다시 갇히고 갇혀" 살게 만든 것은 무엇인가. 그것은 개발독재, 전근대적 가부장제의 폭력적 시스템이었다. 베이비부머들은 한편으로는 고도성장의 주역으로 평생 빡센 노동력의 제공자들이었고, 가부장제 이데올로기로 부모 세대를 부양하며 동시에 가장으로서 자녀들의 양육을 책임져야 하는 샌드위치 세대였으며, 경제 발달에 따라 아파트, 자가용, 해외여행 등 새로운 소비문화에 노출된 첫 세대였고, 이 격변의 와중에 군부독재와 싸우며 민주화운동에 앞장서야 했던 세대이다. 이들은 이중삼중의 책임과 의무 속에 "갇히고 갇혀" 국가 단위에선 많은 것을 이루었으나, 개인 단위에선 "점점 더 작아지는", 그리고 수많은 의무를 감당하느라 "죄인 아닌 죄인"이 되어갔던 세대이다.

베이비부머들이 처해 있던 이런 역사적 맥락은 안쓰럽게도 그들의 '사랑-서사love-narrative'에도 그대로 적용된다. 1부에 보여주었던 아픈 사랑과 애도의 이야기들은 모두 어떤 진공상태의 별나라에서 벌어진 것이 아니라. 바로 이 '감옥의 감옥의 감옥' 안에서 생계와 국가적 과업의 수행에 한시도 자유롭지 않았던 조건에서 벌어진 이야기인 것이다. 그러므로 1부의 애도 시들은 사랑에 몰두할 수 없었던 불행한 세대와 개인의 사랑 이야기이고, 그래서 돌이켜봐도 늘 아쉽고 슬픈 회한에 휩싸일 수밖에 없는 사별死別의 이야기이다. 위 시의 부제가 은유하는 것처럼 베이비부머들은 자기가 속한 시대의 요구들을 기계적으로 담아낼 수밖에 없는 "앵무"였다. 그들의 싸움은 자신을 '앵무' 담론 안에서 구하는 것이었으며, 그것은 길고도 지난할 뿐만 아니라 대부분 실패가 예견된 것이었기 때문에 비극적이었다.

> 몸 가득 푸른 피가 차올랐으니
> 누구도 단 한 번의
> 우연한 조우를 위해
> 조마조마한 애틋함과 쓸쓸한 자책으로
> 날뛰는 심장을 지금까지 다스려 왔네

> *

혁명은 미완으로써만 혁명의 당위성을 각인시키오. 혁명을 완성하려는 사람들은 이천 년 전에 일어난 그 혁명가의 죽음을 미완으로 남겨 이 시대에도 혁명을 이어가려는 것 같다는 불순한 생각을 해보오. 장담컨대 혁명이 완성되는 시대는 혁명을 위해서라도 오지 않을 게 분명하오. 그 때문일 것이요 미완이 대의명분인 시대를 살아내기 위해 "실패를 확인하려고 일생을 산다"는 시인의 진술이 부활했소.

- 「베이비부머들의 초상 -푸른 피」 부분

베이비부어들은 실패가 예견되는, 완성되지 않을 혁명의 시대를 살아간 "푸른 피"이다. 그들은 시스템의 노예들 같았지만 "날뛰는 심장"의 소유자들이었으며, 그 심장을 "쓸쓸한 자책으로/ 지금까지 다스려" 온 세대이다. 그들의 "푸른 피"는 "미완이 대의명분인 시대"를 위해 바쳐졌으니, 그것의 결말은 항상 "실패를 확인"하는 것이었다. 그 실패 안에서 그들은 사랑을 했고, 자녀들을 키웠으며, 이제 나이 들어 배우자를 떠나보내며 완성되지 못한 사랑에 대하여 한 번 더 자책에 빠진다. 이들의 애도는, 길고, 자꾸 지연되며, 잘 끝나지 않는다.

III.

베이비부머들에게 문제는 크게 두 가지로 요약될 수 있다. 그 하나는 억압되는 욕망의 문제이고, 다른 하나는 배리背理의 세계에 대한 이해의 문제이다. 이 두 문제는 사실 별개의 것이 아니라 서로 얽혀 있는 것이다. 개발독재와 가부장제 사회의 담론은 욕망의 본질을 깊이 이해하지 못하게 하며, 또한 욕망처럼 역설과 반리反理로 가득 찬 세계의 속성을 알 수 없게 한다. 시인은 본능적으로 이런 문제를 포착하고 그것을 시적 담론으로 끌어들인다.

> 진료 차 병원에 올 때마다
> 불안감이 엄습하는 까닭은
> 육신이 겪고 있는 고통 때문이 아니라
> 웃음이나 울음 가락에
> 장단 맞춰 살지 못한 탓!
> 그러니 허물 벗을 일이 요원하기만 하다
> 이럴 때마다 내 어리석음에 대한 보충설명이나
> 정신상태 검증 따위는 때려치우고
> 허물들 상주 노릇이나 하자 다짐하지만,
> 습관처럼 조문하러 다니며
> 허물들에게 예를 다하는

조문객들 웃음이나 울음은

이미 지나가 사라져버린 것들로

번성한다

- 「허물」 부분

"웃음이나 울음"은 욕망의 몸-언어이다. 베이비부머 세대는 개발독재와 가부장제, 도덕적 엄숙주의 때문에 함부로 웃거나 울지도 못한 세대이다. 그들은 항상 웃음과 울음의 정동affect을 숨겨야 했으며, 그것에 제대로 "장단 맞춰 살지 못한" 세대이다. 그래서 그들의 파사드facade는 그것을 가리는 "허물들"로 가득 차 있었고, 상실의 고통 끝에 진료차 병원에 오는 화자는 그 "허물 벗을 일이 요원하기만 하다"고 느낀다. 이 세대는 울음조차도 마치 장례식장의 "습관처럼" 허물이 된 세대이고, 삶의 동력(본능)으로서의 웃음이나 울음에 익숙하지 못한 세대이다.

낭만은 비관주의가 잉태시킨 낙천주의의 사생아… 상상력이 고갈된 낭만주의자들은 늙기도 전에 늙어버려서, 기품 있게 죽으려는 소년들은 어떻게든 살아 있어야 하지. 그렇게 오지도 않은 내일마저 심드렁해지는 소년들은 성인용 기저귀를 찬 뒤에도 총천연색으로 남겨질 그리움 위에 흑색 표정을 덧칠할 테지.

> 허공에 낮과 밤이 동시에 출몰하기도 하는 날씨는 비관주의자들의 것도 낙천주의자들의 것도 아니지만, 올랭피아는 소녀이기도 하고 아니기도 해서, 결국 고비 늙어 아장걸음을 걷게 될 소년들은 또다시 부끄러움이 뭔지도 모르고 지난 시절의 거두절미 멱살을 움켜쥐고 길길이 날뛰다가, 한순간 헛된 것을 좇다가 헛산 듯한 우울감이 온몸을 엄습해 허물을 벗는 거지.
>
> ―「역 슬로모션으로 퇴화하는 본성 둘」 부분

베이비부머들도 한때는 욕망 가득한 "소년"들이었다. 그러나 엄격한 시스템은 이들에게 욕망의 상상력을 허락하지 않았다. 그리하여 이들은 "늙기도 전에 늙어버"린 세대이다. 이들은 욕망의 자유로운 발전을 경험하지 못한, "성인용 기저귀"를 찬 "소년"일 수도 있다. 그러나 세계는 이성의 논리로 설명되지 않는 무수한 배리들로 가득 차 있다. "허공에 낮과 밤이 동시에 출몰"할 수도 있다는 사실을 개발독재 계몽의 시스템은 인정하지 않는다. "올랭피아"가 "소녀이기도 하고 아니기도" 하다는, 모순의 동시적 존재를 인정하지 않는 사회는 (하나의 목소리만을 진실로 강요하는) 단일강세화uni-accentualization 사회이다. 그것은 무수한 "역 슬로모션으로 퇴화하는" 주체들을 생산할 수밖에 없다. 이런 베이비부머 세대의 구성원들이 그 모든 "허물"을 벗고 어떻게 "본성"에 충실한 사랑을 하랴. 사랑하는 사람을 잃고 잘 끝나지 않은 애도의 시간을 거치면서 시인이 이 시집의 제목처럼 "사랑, 그 진심과 믿음에 대한 쓸쓸한 질문"을 던지는 이유가 바로 이것이다.

 이 시집은 상실과 애도의 과정을 거치면서, 베이비부머 세대가 공통으로 겪은 역사적 경험들을 소환하는데, 이를 통하여 개별 주체의 서사가 어떻게 집단 서사와 운명적으로 깊이 얽혀 있을 수밖에 없는지를 잘 보여준다. 시인은 또한 사랑의 문제가 순전히 개인적인 것이 아니라 시대적이고 집단적인 운명과 불가피하게 섞일 수밖에 없다는 사실을 보여줌으로써, 상실과 애도를 사적 서사의 범주를 넘어 시스템과 욕망의 집단적이고도 보편적인 서사로 확장한다.